统计方法与应用专著丛书

内蒙古综合交通运输、交通可达性、区域经济的互动关系研究

永贵　包金花　张超　著

中国商务出版社

·北京·

图书在版编目（CIP）数据

内蒙古综合交通运输、交通可达性、区域经济的互动关系研究 / 永贵，包金花，张超著 . — 北京：中国商务出版社，2023.12

ISBN 978-7-5103-4977-5

Ⅰ . ①内… Ⅱ . ①永… ②包… ③张… Ⅲ . ①交通运输发展—影响—区域经济发展—研究—内蒙古 Ⅳ . ① F127.26

中国国家版本馆 CIP 数据核字 (2023) 第 250023 号

内蒙古综合交通运输、交通可达性、区域经济的互动关系研究

NEIMENGGU ZONGHE JIAOTONG YUNSHU、JIAOTONG KEDAXING、QUYU JINGJI DE HUDONG GUANXI YANJIU

永贵　包金花　张超　著

出　　版：	中国商务出版社
地　　址：	北京市东城区安外东后巷 28 号　　邮　编：100710
责任部门：	教育事业部（010-64255862　cctpswb@163.com）
策划编辑：	刘文捷
责任编辑：	谢　宇
直销客服：	010-64255862
总 发 行：	中国商务出版社发行部（010-64208388　64515150）
网购零售：	中国商务出版社淘宝店（010-64286917）
网　　址：	http://www.cctpress.com
网　　店：	https://shop595663922.taobao.com
邮　　箱：	cctp@cctpress.com
排　　版：	德州华朔广告有限公司
印　　刷：	北京建宏印刷有限公司
开　　本：	787 毫米 × 1092 毫米　1/16
印　　张：	8.5　　　　　　　　　　字　数：152 千字
版　　次：	2023 年 12 月第 1 版　　　印　次：2023 年 12 月第 1 次印刷
书　　号：	ISBN 978-7-5103-4977-5
定　　价：	48.00 元

丛书编委会

主　编　王春枝

副主编　何小燕　米国芳

编　委（按姓氏笔画排序）

王志刚　王金凤　王春枝　永　贵　毕远宏　吕喜明

刘　阳　米国芳　许　岩　孙春花　杨文华　陈志芳

序

党的十八大以来，党中央坚持把教育作为国之大计、党之大计，做出加快教育现代化、建设教育强国的重大决策，推动新时代教育事业取得历史性成就、发生格局性变化。2018年8月，中央文件提出高等教育要发展新工科、新医科、新农科、新文科，把服务高质量发展作为建设教育强国的重要任务。面对社会经济的快速发展和新一轮科技革命，如何深化人才培养模式，提升学生综合素质，培养德智体美劳全面发展的人才是当今高校面对的主要问题。

统计学是认识方法论性质的科学，即通过对社会各领域海量涌现的数据的信息挖掘与处理，于不确定性的万事万物中发现确定性，为人类提供洞见世界的窗口以及认识社会生活独特的视角与智慧。面对数据科学技术对于传统统计学带来的挑战，统计学理论与方法的发展与创新是必然趋势。基于此，本套丛书以经济社会问题为导向意识，坚持理论联系实际，按照"发现问题—分析问题—解决问题"的思路，尝试对现实问题创新性处理与统计方法的实践检验。

本套丛书是统计方法与应用专著丛书，由内蒙古财经大学统计与数学学院统计学学科一线教师编著，他们睿智勤劳，为统计学的教学与科研事业奉献多年，积累了丰富的教学经验，收获了丰硕的科研成果，本套丛书代表了他们近几年的优秀成果，共 12 册。本套丛书涵盖了数字经济、金融、生态、绿色创新等多个方面的热点问题，应用了多种统计计量模型与方法，视野独特，观点新颖，可以作为财经类院校统计学专业教师、本科生与研究生科学研究与教学案例使用，同时可为青年学者学习统计方法及研究经济社会等问题提供参考。

本套丛书在编写过程中参考与引用了大量国内外同行专家的研究成果，在此深表谢意。同时本套丛书的出版得到内蒙古财经大学的大力资助和中国商务出版社的鼎力支持，在此一并感谢。本套丛书作者基于不同研究方向致力于统计方法与应用创新研究，但受自身学识与视野所限，文中观点与方法难免存在不足，敬请广大读者批评指正。

丛书编委会

2023 年 8 月 10 日

前 言

　　交通运输体系的发展对促进区域一体化建设和区域经济均衡发展有着重要促进作用。内蒙古自治区凭借国家相关政策支持，交通运输与区域经济迎来了发展新机遇。提升地区间交流互通水平，将区位优势和交通发展转化为经济增长动力，对自治区未来发展尤为重要。对此，本研究以内蒙古自治区地级行政区和县级行政区作为研究区域，分析了地级行政区综合交通运输发展水平和经济发展水平之间的相对作用程度、综合交通运输对交通可达性的具体影响路径、综合交通可达性与经济发展水平的耦合协调关系，分析了县级行政区可达性的空间分布格局、可达性对经济发展水平的空间效应，以期为内蒙古交通运输与经济协调发展提供理论基础和实证依据。

　　本研究的主要内容如下：首先，通过熵值法计算综合交通运输业发展和经济发展指标权重，进行加权叠加得到区域综合交通运输业发展和经济发展水平值。使用灰色关联度分析法对内蒙古综合交通运输业发展和经济发展两个系统各因素之间影响程度进行分析，进一步使用脱钩效应分析法探究时间因素对两者关系的影响以及两者的发展趋势。其次，利用加权平均旅行时间模型测度地级行政区的综合交通可达性水平，通过定性比较分析法探讨综合交通运输业对综合交通可达性的具体影响过程。再次，利用耦合协调度模型分析交通可达性水平与经济发展水平的耦合协调度。其中，增加了加权平均旅行时间模型中的节点引力水平指标，综合交通包含公路、铁路和航空三种交通方式，研究尺度分为对内可达性和对外可达性。将对内可达性分为地级行政区内部可达性和地级行政区间可达性，使得研究结果更加全面、贴合实际。最后，为全面衡量可达性以及深入探究可达性对区域经济发展的内在影响机制，以县级行政区为研究节点，选取区位优势潜力模型作为加权平均旅行时间模型的互补，以旅行时间作为阈值，从区位视角分析可达性的空间分布特征和经济指标的空间依赖性，构建包含可达性与经济发展水平指标的空间滞后模型，进一步分析可达性与其他因素对经济发展的空间效应。

本书适合统计学、区域经济学、交通运输规划与管理等专业领域的高年级本科生、研究生，以及相关科研、教学和实践工作者参考。

本书的出版得到国家自然科学基金地区项目（71961023、72061027）、内蒙古自然科学基金项目（2021MS07003、2023LHMS07005）、内蒙古自治区高等学校青年科技人才发展项目（NJYT24018）、内蒙古财经大学复杂系统分析与管理学术创新团队和内蒙古自治区经济数据分析与挖掘重点实验室的支持。另外，感谢参考文献的作者，以及参与研究的所有人员。

作者

2023 年 10 月

目 录

1 绪 论

1.1　研究背景

交通是区域间相互流通的重要媒介之一，是推动经济发展的关键变量。内蒙古自治区位于祖国北部边疆，总面积118.3万平方千米，东北长约2 400千米，南北最大跨度1 700多千米，地貌以高原为主，区内主要交通方式有公路、铁路和航空。自1947年自治区成立起，伴随着新中国七十多载风雨征程，其交通发展竿头直上。

在公路交通方面，境内公路里程从新中国成立时期的5 000余千米到2020年底的210 000千米，实现了公路交通飞速发展。"十三五"以来，在交通运输部和区政府的正确领导下，内蒙古自治区坚持通村路、建设扶贫路、衔接联网路、疏通旅游路、拓宽油路和连通林区路，并实现了公路基础设施从"连线成片"到"基本成网"的历史性突破。

在铁路交通方面，自中国改革开放以来取得了显著成就。1990—2020年内蒙古公路和铁路里程总体呈现增长趋势，尤其2007—2020年公路、铁路建设里程突飞猛进。

在"十三五"期间自治区高速铁路交通实现"零"的突破，相继在呼和浩特、包头、通辽、赤峰等城市接入全国高铁网。在优化自治区铁路网的目标基础上，不断加强出区通道，提速扩能、完善口岸通道，境内的普速铁路网形成了"五横十纵"的格局。在铁路网质量逐步提高，提升了服务水平的同时，客货运量大幅增长、骨干作用明显加强。立足社会经济发展由全面建成小康社会向基本实现社会主义现代化转变的关键时期，当前自治区铁路交通建设的主要任务是构建高效、快捷、顺畅的铁路交通网络，为国家建设交通强国提供强有力的保障。

在航空交通方面，2002年民航内蒙古自治区局改革，以缓解自治区内航空运输能力的短缺、航空交通网络密度小的困境。"十二五"时期内蒙古自治区全区通用航空发展取得了积极进展，"十三五"以来，为助力内蒙古通航短途运输业蓬勃发展，内蒙古新增七个通用机场、新开工五个通用机场（见表1-1）。在此基础上，内蒙古自治区制定了"十四五"长远规划，主要目标是实现通用机场骨架网络基本形成、完备基础设施与服务保障、提升运营服务能力、建设更加完备的航空人才教育与飞行培训基地。

表1-1 内蒙古自治区12个盟市机场概况

盟市	机场数	机场名
呼和浩特市	1	呼和浩特白塔国际机场（内蒙古自治区第一大航空枢纽）
包头市	1	包头东河机场
呼伦贝尔市	3	呼伦贝尔东山国际机场（国际支线机场）、满洲里西郊国际机场（国际支线机场）、扎兰屯成吉思汗机场
兴安盟	2	乌兰浩特义勒力特机场、阿尔山伊尔施机场
通辽市	2	通辽机场、霍林郭勒霍林河机场
赤峰市	1	赤峰玉龙机场
锡林郭勒盟	2	锡林浩特机场、二连浩特赛乌素机场
乌兰察布市	1	乌兰察布集宁机场
鄂尔多斯市	1	鄂尔多斯伊金霍洛国际机场
巴彦淖尔市	1	巴彦淖尔天吉泰机场
乌海市	1	乌海机场
阿拉善盟	3	阿拉善右旗巴丹吉林机场、阿拉善左旗巴彦浩特机场、额济纳旗桃来机场

内蒙古自治区作为祖国北部边疆要塞，稳步紧跟国家发展浪潮。2020年交通运输部在内蒙古自治区多个地级行政区开展了交通运输高水平对外开放、智慧物流枢纽、交旅融合、冷链物流、"四好农村路"等5个方面的交通强国建设试点工作。在2022年4月8日举行的《自治区"十四五"综合交通运输发展规划》发布会上提出了"十四五"综合交通运输发展的主要目标和重点任务：到2025年建成"四横十二纵"综合运输大通道，公路里程达到21.5万千米，铁路运营里程达到1.6万千米，民用机场达到70个以上。

在经济建设方面，内蒙古地级行政区间多年来面临着发展不平衡等问题，2020年内蒙古全区GDP为17 359.8亿元，其中排名第一的地级行政区为鄂尔多斯市，3 533.7亿元；排名第十二的为阿拉善盟，304.8亿元，分别占全区的20%和1.7%。

在交通建设方面，由于地域辽阔、区位等多种原因，存在着严重不平衡问题。大多数地级行政区交通建设落后，交通潜力没有得到充分开发。内蒙古自治区作为"一个桥头堡"，地处中俄蒙经济走廊，背负着联通内外、辐射周边地区，集散资源、生产与生活要素的重任。

由此可见，研究内蒙古自治区区域综合交通运输业发展水平、经济发展水平之间以及综合交通可达性之间的关系，有利于正确认识自治区目前交通运输发展现状以及面临的形势，可以为地区交通与经济的均衡发展提供理论支撑并为其他边疆地区提供经验依据。

1.2 研究意义

1.2.1 理论意义

本研究对内蒙古区域综合交通运输业发展水平、经济发展水平之间以及综合交通可达性三者之间的关系两两分析，为后续自治区交通运输业的发展研究提供理论支撑。

1. 研究区域综合交通运输业发展水平与经济发展水平关系的理论意义

本研究使用灰色关联度分析法研究综合交通运输业系统和经济发展交通系统内各因素对彼此的影响关系强弱，通过脱钩分析探究时间因素对两者关系的影响以及两者的发展趋势，有助于促进自治区交通运输业与经济协调发展。

2. 研究区域综合交通运输业发展水平与综合交通可达性关系的理论意义

通过引入定性比较方法，分析影响综合交通可达性的必要和充分关系。探索综合交通运输业影响综合交通可达性的具体路径，为通过改善交通运输发展结构促进综合交通可达性发展提供有力的理论支撑。

3. 研究综合交通可达性与经济发展水平关系的理论意义

陆大道[1]院士提出"提高区域可达性是区域发展的前提条件"。可达性是出行效率的代名词，提升区域可达性水平能够有效联结经济系统，稳投资、扩内需、拉动经济增长。

（1）从微观层面探究综合交通可达性与经济发展水平的关系

本研究基于微观层面，从不同地区、不同行政级别的多个角度综合分析交通可达性与经济发展水平间的关系，较为全面地分析了各区域的交通可达性水平，研究了综合交通可达性与区域经济的耦合协调发展水平和空间效应，在一定程度上完善了相关学术研究的不足。

（2）从耦合协调、空间效应两个角度分析综合交通可达性与经济发展水平的关系

探究综合交通可达性与经济发展水平之间的关系，首先从地级行政区层面，基于加权平均旅行时间模型，分析了综合交通可达性与经济发展水平的耦合协调程度；其次，从县级行政区层面、空间计量的角度，基于区位优势度模型，深入探讨了交通、经济两个系统之间的空间效应。本研究对于丰富和扩展相关问题研究，验证综合交通可达性与经济系统的相互依赖和作用关系的有关理论有着重要的意义。

1.2.2 实践意义

交通基础设施形成的网络系统是区域经济空间发展和延伸的"脉络"[2]。交通可达性是规划交通基础设施建设的重要依据及评价区域交通发展水平的主要指标。发展交通建设，有利于提高交通可达性水平、使得要素集散速度加快，在发挥其外溢效应、扩大市场规模、带动经济增长的同时，调整区域产业结构、人口分布和城镇空间布局。随着经济发展产生的交通可达性需求包括：优化完善交通网络，提高可达性水平，从可达性角度缩短节点间的时间距离等。衡量可达性与经济发展的耦合协调水平、定量分析可达性对经济发展的空间效应。系统地计算内蒙古自治区综合交通可达性与经济发展水平的耦合协调程度，找出可能存在发展不协调的地区；从区位的角度定量分析可达性对经济发展水平的空间效应，为地区后续交通建设的可行性、合理性提供支持，避免出现由交通建设引起的马太效应。

交通运输是经济发展的重要支撑，有助于促进经济活动的空间集聚，我国经济的高速发展得益于交通运输业的良好发展。虽然我国经济运输业发展取得显著成就，但仍与发达国家存在一定差距，国内依然存在发展不平衡情况，同时，交通运输滞后发展达不到市场经济发展提出的更高要求，改善交通运输发展结构，促进两者之间协调发展至关重要。在内蒙古交通与经济从快速发展转为高质量发展的背景下，研究内蒙古区域综合交通运输业发展水平、经济发展水平之间以及综合交通可达性三者之间的关系，为优化区域交通空间布局、出台相关政策、促进交通与经济协调、同步发展提供实证依据和政策建议，并为其他边疆地区的交通与经济协同发展提供参考依据。

1.3 内容安排与研究思路

1.3.1 研究内容

本研究以内蒙古自治区作为研究区域，通过总结可达性理论方法，梳理综合交通运输业发展水平和经济发展水平的相关研究成果、交通可达性与综合交通运输关系的研究以及交通可达性与经济发展水平的相关研究成果，从理论和实证视角分析三者之间的关系。首先，使用灰色关联度分析法和脱钩效应分析法分别对内蒙古综合交通运输业发展和经济发展的两个系统各因素之间对彼此的影响程度和脱钩状态进行分析。其次，通过定性比较分析法探讨综合交通运输业对基于加权平均旅行时间模型求出的综合交通可达性的具体影响过程。再次，以12个地级行政区作为研究节点，分析综合交通可达性与区域经济发展水平及两个系统的耦合协调发展程度；在此基础上，为进一步研究区域可达性和经济发展水平的内在作用机制和空间效应，以12个地级行政区下属的101个县级行政区作为研究节点，构建包含可达性与经济发展水平指标的多元回归模型，并进一步矩阵化得到经典的空间滞后模型，以旅行时间作为阈值，分析可达性对经济发展水平的空间效应。最后，总结实证结论，提出可行性建议。以上构成本研究的理论框架。主要包括以下5点：

（1）根据相关理论和文献研究，梳理综合交通运输和可达性概念、可达性的研究方法和影响因素，并对综合交通运输业发展水平、综合交通可达性与经济发展水平之间关系的相关研究进展进行整理叙述。

（2）对内蒙古自治区12个地级行政区2011—2020年的综合交通运输业发展水平和经济发展水平进行测算，并使用灰色关联度分析法和脱钩效应分析法分析两者之间的影响关系。

（3）以内蒙古12个地级行政区作为研究单元，选择2020年作为时间节点，根据相关理论，从综合交通的角度，以加权平均旅行时间模型为主，结合交通基础设施赋值方法计算综合交通可达性。根据求得的2018年区域经济发展水平综合值，通过定性比较分析法探讨综合交通运输业对综合交通可达性的具体影响过程。接着再利用耦合协调度模型分析综合交通可达性与区域经济发展水平的耦合协调度。

（4）以101个县级行政区作为研究节点，基于区位优势潜力模型构建包含可达性与经济发展水平指标的多元回归模型的基础上进行矩阵化，得到经典的空间滞后模型，分析可达性对经济发展水平的空间效应。

（5）总结实证结论，为内蒙古交通可达性与经济的协调发展提供实证参考与合理的建议。

1.3.2　章节安排

本书对内蒙古区域综合交通运输业发展水平、经济发展水平之间以及综合交通可达性之间的关系进行研究，共分8个章节，以下是各章节的主要内容。

第1章为绪论。本章介绍研究背景、研究意义。简要概述内容安排和主要使用方法，并用技术路线图直观展现本书的框架结构，表述本研究的思维逻辑，阐明可能的创新点。

第2章为理论基础和研究进展。本章首先界定综合交通运输的概念，可达性、交通可达性、综合交通可达性概念；其次从综合交通运输和经济发展关系、交通可达性、交通可达性与综合交通运输影响因素的关系、交通可达性与经济的关系四个方面总结国内外学者的研究现状，并对现有的研究进行评述；最后从交通与经济、区位、区域间的交流等角度出发，阐述了其经典理论，包括交通运输经济理论、中心地理论、空间相互作用理论，为后文的模型推导和实证研究奠定基础。

第3章为内蒙古综合交通运输业发展和经济发展现状分析。通过使用熵值法分别对综合交通运输业发展指标和经济发展指标进行客观赋权，以及利用线性加权叠加法计算各区域综合交通运输业发展综合指数值和经济发展综合指数值，得到综合值后，使用变异系数分别衡量内蒙古自治区综合交通运输业发展水平和经济发展水平的差异特征变化程度。

第4章为内蒙古综合交通运输业发展和经济发展的关系研究。使用灰色关联度分析法分析内蒙古部分地级行政区综合交通运输业发展和经济发展的两个系统各因素之间对彼此的影响程度；通过测算内蒙古部分地级行政区综合交通运输业发展和经济发展之间的脱钩状态，探究时间因素对两者关系的影响以及两者的发展趋势。

第5章为综合交通运输业对综合交通可达性的影响研究。首先选择加权平均旅行时间测度内蒙古区域综合交通可达性。其次通过定性比较分析法探讨综合交通运输业对综合交通可达性的具体影响过程。

第6章为交通可达性与区域经济发展水平的耦合协调关系研究。对第3章得出的内蒙古自治区12个地级行政区的2020年经济规模指数和第5章得出的2020年综合交通可达性数据进行描述性统计分析，然后利用耦合协调度模型分析了交通可达性与经济发展水平的耦合协调指数。

第7章为交通可达性对区域经济发展水平的空间效应分析。基于区位优势潜力模型对比县级行政区节点的可达性水平，深入分析二者的空间效应，再将包含可达性与经济发展水平的多元回归模型矩阵化，进一步推导出包含可达性与经济发展水平指标的经典的空间滞后模型。

第8章为结论与展望。基于前文研究内容，归纳总结实证结果；从地区发展情况出发，对内蒙古交通建设与经济协调发展方面提出政策建议；概述本研究的局限性，展望未来方向。

1.3.3 研究框架

从"提出问题—分析问题—解决问题"的逻辑，构建本研究的研究框架，如图1-1所示：

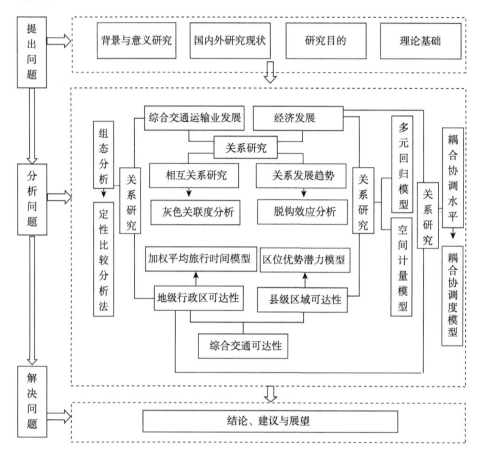

图 1-1 技术路线图

1.4 研究方法与创新点

1.4.1 研究方法

1.熵值法

熵值法是一种客观赋权法。"熵"是关于无序程度的一种测量，一个指标的信息熵越大，这说明其提供的信息量就越小，在评价时所起的作用就越小。所以，可以根据信息熵给指标赋予权重，使评价结果更加客观。

2.灰色关联度分析法

灰色关联度分析是一种以灰色系统理论为基础的统计方法[3]，常用于多因素分析，是灰色系统分析、评价和决策的基础[4]。通过各因素之间的异同得到其强弱关系，并根据强弱关系进行排序，从而有助于把握主要影响因素。

3.脱钩效应

"脱钩"最早应用于物理领域，常被用来说明具有相关关系的两个或者多个物理量之间联系不再存在[5]。后经常被用于分析经济发展与环境压力、资源能源消费之间的关系。

4.加权平均旅行时间模型

加权平均旅行时间模型考虑了研究区域中经济活动中心的吸引力，将节点之间空间阻隔定义为旅行时间长短，评价经济中心的吸引力及研究节点的可达程度，综合考察各节点与经济政府中心的联系程度。

5.区位优势潜力模型

区位优势潜力模型反映各节点在空间上所受周围节点空间上的综合影响，指每个节点在区域中受到周围节点的综合影响。基于区位优势潜力模型计算的可达性的意义在于衡量空间内互动机会的设施与布局，用于揭示节点区位的"优势"或"劣势"。

6.定性比较分析法

定性比较分析方法从整体视角出发，将组态思维引进管理学，以布尔运算和集合论为基础，分析前因变量的复杂关系对结果的影响，这样可以有效解决因果不对称和多重并发因果关系等问题。

7.耦合协调度模型

耦合协调度模型用于分析事物的协调发展水平。耦合度指两个或两个以上系统之间的交互影响，从而达到协调发展的动态关联关系，它能够反映出系统之间的相互依赖和相互制约的程度。协同度是指在耦合关系中正向耦合度的大小，反映了耦合发展状况的水平高低。

8.空间滞后模型

空间滞后就是考虑周边区域对研究区的影响。如果所关注的经济变量存在利用空间权重矩阵表示的空间相关性，那么单纯地考虑其本身的解释变量，并不能很好地估计和预测其变化趋势和空间依赖性。通过引入合适的空间结构（如行政单位层级、与单位的距离），实现对这种影响的有效控制，并进一步分析其对社会、经济的影响，探讨其在时空上的分布规律及作用机理。

1.4.2 创新点

本研究可能的创新点：第一，交通运输和经济发展在指标体系的建立以及指标选取方面的依据并不够全面。研究内容侧重不同会造成选取指标的差异，指标选取不合理会对研究结果造成偏差。所以，建立合理的指标体系是研究中的重点。第二，现有研究大多以发达地区为研究区域，对内蒙古等边疆地区的研究较少，但每个省的交通可达性状况并不一样，都具有自己的特点，不能一概而论。本研究以国家建设交通强国、内蒙古自治区新时代发展战略为背景，以地级行政区和县级行政区作为研究节点，一方面以加权平均旅行时间模型计算可达性，评价地级行政区可达性与经济发展水平的耦合协调程度，另一方面以区位优势潜力模型计算可达性，实证分析县级行政区节点的可达性对区域经济发展水平的空间效应，为边疆地区交通与经济协调发展提供参考依据。第三，在综合交通可达性水平的分析中，为了更全面地分析区域可达性水平，将综合交通可达性分为对内可达性与对外可达性，又将对内可达性分为地级行政区内部可达性与地级行政区间可达性，并进一步构建模型进行分析。第四，增加了加权平均旅行时间模型中的节点引力水平指标，使得其更具解释性。第五，在空间计量模型中，从区域整体、社会层面和居民层面选取指标作为节点经济水平，实证分析了三种经济水平指标下，可达性对区域经济的空间效应。

2 理论基础和研究进展

2.1 综合交通运输业理论基础

2.1.1 综合交通运输概念及构成

综合交通运输系统是由各种运输方式根据其不同技术经济特征，通过协调分工、有机整合而形成的分布合理的综合运输网络[6]。运输方式主要包括：铁路运输、公路运输、水路运输、航空运输和管道运输等，通过合理调控资源和各种运输方式的关系，有助于有效配置运输资源、提高客货中转的高效性。综合交通运输是社会生产力达到一定阶段的必然结果。大致可以把综合交通运输系统分为三个部分：其一是有一定技术设施的综合运输网及其结合部；其二是各种运输方式的联合运输；其三是综合运输的管理、组织和协调。

2.1.2 综合交通运输理论

1.运输区位理论

20 世纪 40 年代末，美国经济学家埃德加·M.胡佛提出了运输区位理论，他认为运输结构是交通运输研究的重点，在经济活动中，运输距离、运输方向、运输数量和其他影响运输环境变化的因素都会影响区位选择。胡佛认为，运输距离与运输费用之间存在正相关，运输距离越长，运输费用越高，但是增长率逐渐下降，增长趋势减缓，即运费率递减律。运费通常分为两部分：站场费、运行费。其中，运行费与运输距离之间也并不是正比例增长，在一些优惠政策下，运距越长，运输费用越低。所以，各区域应该根据运输需求设置交通网络，有机结合不同交通方式。

2.运输供求理论

运输需求不同于经济学的要素需求理论，其具有交通运输业的特质。运输需求通常分为两种：客运需求和货运需求。根据运输目的的不同又将客运需求分为两种，即生产型客运需求和消费型客运需求。生产型客运需求和货运需求的目标均是为了实现经济主体利润最大化，但是消费者效用、在途时间、运输费用是影响消费型客运需求的关键因素。成本是影响运输供给的关键因素，运输成本主要包括三部分：基础设施成本、移动载运工具成本和营运成本。首先，是否拥有运输基础设施决定了运输服务提供者不同的成本情况。其次，在载运工具额定载运能力范围内边际成本变动不显著，而一旦超过装载能力，其边际成本会呈现跳跃式增长。最后，共同成本和联合成本都大量存在于交通运输中。

2.2　区域交通可达性理论基础

2.2.1　可达性概念的界定

可达性一个重要指标，它能反映区域空间结构与交通运输网络关系。由于交通系统与区域经济的发展有着密不可分的关系，交通可达性研究逐渐成为交通规划和评估的一个重要组成部分。可达性（Accessibility）指达到目的的难易程度，计量指标多用于时间、距离、费用等，广泛应用于交通学、社会学、网络技术等。学术研究中的一般定义为相互作用机会的潜力（Walter G.Hansen，1959）。通俗来讲，可达性是指人们从某个地方到达另一个地方的难易程度。众多研究者根据其研究内容和目的，拓展了可达性概念。在区域交通研究中，交通可达性是指在合适的时间选择某种交通基础设施到达目的地的便捷程度[7-8]。综合交通可达性指的是将综合交通网络作为研究对象，在综合交通体系支撑下，区域中从某节点到达指定节点的便利程度[9]。可达性研究中的三个基本要素是起点、终点和交通系统。

2.2.2　可达性的影响因素和测度方法

2.2.2.1　可达性的影响因素

1. 交通系统的影响

（1）成本

节点之间的流通对个体产生成本，成本分为时间成本和金钱成本。时间成本一般为起点到终点所花费的时间等，金钱成本可以是乘车花费、交通工具耗损、油耗等出行至目的地的总花费。

（2）距离衰减函数

距离衰减理论是基于牛顿的万有引力定律，表示两个节点或区域的相互作用随着交通距离、时间长短或耗费高低等的增加而衰减，主要用于解释地理要素节点间的相互作用与距离之间的关系。量化计算距离衰减作用时采用的距离衰减函数主要受到交通方式、出行目的（工作、旅游等）、社会差别（收入、民族、知识水平等）和目的地的属性（唯一性、密度、吸引力大小等）的影响。

2. 土地使用的影响

土地规划通过区域结构的空间布局对可达性产生影响。任晋锋，吕斌（2011）[10]表示土地使用特征决定了不同生活生产活动的相对靠近性，在宏观层面上，土地使用关注新的开发区位与现有的市中心、商场等其他设施区位的联系；在中观层面上，土地使用关注集聚程度、土地利用设施混合程度和尺度；在微观层面上，土地使用与公共设施、场地设置、交通设施等因素有关。区域中土地使用关注的因素直接影响个体可达性。土地使用对可达性的影响总体上可以分为两个方面：起点的空间布局与属性和终点的空间布局、吸引力大小。

3. 时间因素的影响

在可达性研究中，时间因素的影响问题最早源于Hägerstrand（1970）[11]的时间地理学，其融合了空间、时间和交通等影响地理环境的可达性因素，理论体系是依据连续时空环境下的个体活动而建立。个人的活动模式是三维空间中的路径，其中二维空间中的水平面表示地理位置，垂直轴表示时间，路径刻画出个人在时空中的旅行及行为，时间对路径的限制使得一组相连的节点创建了一个可达性机制，被称为时空棱镜（Space time prism）（Lenntorp，1976）[12]。时间因素对可达性的影响评价方面可以诠释为：从时空棱镜理论出发，在给定的时间限制下人们通过交通方式可能到达的区域或节点。

4. 个人因素的影响

在社会经济活动中，个人因素从需求、能力和机会三个方面影响可达性。个人的需求影响人们的移动性，能力决定其可达程度，机会影响个人移动的意愿。

个人需求会受到其年龄、文化程度、职业、收入等的影响，个人能力与其收入、自身条件和其选择的交通系统有关，机会与个人收入、目的地和出行时间相关。随着社会和经济的发展，人们所追求的、所处的环境和所得的成就直接影响了社会地理位置的分布情况。Hägerstrand（1970）研究了个体行为在区域中运动的制约条件，并总结出三种类型的制约：能力制约（capability constraint）、组合制约（coupling constraints）和权威制约（authority constraint）。能力制约指个体自身能力的不足导致影响活动的可达性；组合制约指个体之间或个体与外在影响因素（环境等）间的可达性需满足一定的必要条件；权威制约指社会中法律、习性或规范等对个体活动可达性产生的限制；总而言之，三种制约通过直接或间接作用于个体活动的可达性。

2.2.2.2　可达性的测度方法

1.基于空间阻隔（spatial separation）的可达性测算方法

基于空间阻隔的可达性计算方法是基于图形理论和几何网络研究区域或节点间的可达性，认为两个节点间的阻隔水平越低，其可达性越好（Ingram，1971）。基于空间阻隔的可达性评价方法有空间阻隔模型、加权平均旅行时间模型等。

（1）空间阻隔模型

空间阻隔模型中节点或区域间的空间阻隔越高，其可达程度越低。

$$A_i = \sum_{j=1}^{n} O_{ij} \tag{2-1}$$

式（2-1）中，A_i 为节点 i 的可达性，n 是研究区节点总数，O_{ij} 为节点 i 到节点 j 的空间阻隔；其中，空间阻隔可以是节点间的空间直线距离、交通距离、时间成本、花费等。

（2）加权平均旅行时间模型

加权平均旅行时间模型（weight average travel time）是在空间阻隔模型的基础上考虑了研究节点的吸引力，以节点之间空间阻隔定义时间长短，主要由研究节点的区域地理位置而定，可以评价经济中心的吸引力及研究节点的可达程度和区域交通基础设施等级、密度。

$$A_i = \frac{\sum_{j=1}^{n} (T_{ij} M_j)}{\sum_{j=1}^{n} M_j} \tag{2-2}$$

式（2-2）中，A_i 表示节点 i 的可达性，T_{ij} 表示从节点 i 选择交通网络中旅行时间最短的交通方式和路线到达经济中心或行政中心 j 所用的时间，M_j 表示目的地节点 j 的质量（可以是地区生产总值、人口数等），n 表示研究区内除研究节点 i 以外的节点总数。

（3）最小累积耗费距离

最小累积耗费距离主要利用 ArcGIS 软件的最短路径法，并基于栅格数据计算每个节点到目的节点的时间成本。

$$A_i = \begin{cases} \dfrac{1}{2}\sum_{i=1}^{n}(C_i + C_{i+1})，垂直或水平方向 \\[4mm] \dfrac{\sqrt{2}}{2}\sum_{i=1}^{n}(C_i + C_{i+1})，对角线方向 \end{cases} \qquad (2\text{-}3)$$

式（2-3）中，A_i 为栅格 i 的可达性，C_i 为第 i 栅格的耗费值，即交通阻值；C_{i+1} 为第 $i+1$ 栅格的耗费值，n 为总的栅格像元数。

2. 基于机会累积（Cumulative opportunity）的可达性测算方法

基于机会累积的可达性评价方法指个体从某一节点出发，在一定的时间限制下所能到达的工作地数量或工作机会数量（Wash，1973）。基于机会累积的可达性评价方法主要包括累积机会法、上海交通所法、效用法和日常可达性模型。

（1）累积机会法

累积机会法的基本思想是：随着旅行时间的增加，个体所能接触到的机会也会增加，假定出行时间足够长，个体就可以接触到研究区域中的所有机会。

$$A_i = \int_0^T O(t)\,dt \qquad (2\text{-}4)$$

式（2-4）中，A_i 为节点 i 的可达性，$O(t)$ 为发展机会随出行时间变化的分布函数，T 为给定的时间阈值。

（2）上海交通所法

在累积机会模型的基础上，假定各个节点或区域的人口、机会分布是均衡的，研究区的交通可达性可以理解为：全区所有人口和机会到区域中某个节点所需时间的平均值，出行时间越短，可达性越高。

$$A_j = \frac{\sum_i \left[t_{ij}\left(p_i + e_i\dfrac{P}{E}\right) \right]}{\sum_i \left(p_i + e_i\dfrac{P}{E}\right)} \qquad (2\text{-}5)$$

式（2-5）中，A_j 表示节点 j 的交通可达性，t_{ij} 为节点 i 到节点 j 的交通时间成本，p_i 为节点 i 的人口数，e_i 为节点 i 的工作机会总数；$P = \sum_i p_i$ 表示规划区人口数，$E = \sum_i e_i$ 为规划区工作机会数。

（3）效用法

效用法是从经济视角出发，将居民的出行行为视为一种"消费"，并以这种

"消费"在交通与土地系统中获得的最终效益作为该居民的可达性水平评价标准。可达性效用法一般建立在两个假定之上：

第一，人们将效用与他们的每个选择联系起来，比如，目的地、交通方式、路线等，并选择让其效用最大化的决策。

第二，个体出行的效用中并不是所有的因素都可以被衡量，所以效用可以表示为可非随机效用（预测因素）和随机效用（不可预测因素之和）。

$$U_{ij}^t = V^t - C_{ij}^t \qquad (2-6)$$

式（2-6）中，U_{ij}^t为个体t从节点i到节点j的效用，V^t为个体出行的总效用（随机的、可预测），C_{ij}^t为旅行成本或时间耗费等（被认为是可预测的和非随机的）。

对于个体出行总效用函数V^t，有研究者提出Hivex模型（Koenig，1974）和logit模型（C.R.A.，1972）以便计算效用与每个潜在目的地相关的最大期望值。该期望值代表从旅行中获得的平均收益，其中考虑了由个体t旅行到目的地所需的旅行费用或时间。

3. 基于空间相互作用（spatial interaction）的可达性测算方法

基于空间相互作用的可达性度量是以到达目标节点的难易程度作为基础依据，其结果会受到目标节点之间的空间壁垒以及目标节点的活动范围等因素的影响。

（1）重力模型

重力模型是从牛顿的万有引力定律发展而来，又被称为引力、潜能或势能模型。重力模型用理论模式划分区域的吸引范围，把节点间的相互作用抽象化，用易懂、简单的数学模型来计算节点间联系的实际情况。二十世纪四五十年代J.Q.Stewart把万有引力公式引入地理学研究中，Hansen在1959年首次将重力法用于可达性研究。

万有引力定律（牛顿，1687）：

$$F = \frac{GM_i M_j}{d_{ij}^2} \qquad (2-7)$$

其中，F为两个物体间的引力，G为重力常量，M_i、M_j为i和j物体的质量，d_{ij}为两个物体之间的距离。

潜力模型（J.Q.Stewart，二十世纪四五十年代）：

$$E = G \frac{M_i M_j}{d_{ij}} \qquad (2-8)$$

以万有引力定律为基础，设地理学中两个节点（区域）之间的势能为$\frac{P_i P_j}{d_{ij}}$，E

为除 i 节点之外的全部节点 j 施加到 i 节点的潜力总和：

$$E = \frac{P_i P_1}{d_{i1}} + \frac{P_i P_2}{d_{i2}} + \frac{P_i P_3}{d_{i3}} + \ldots + \frac{P_i P_n}{d_{in}} = \sum_{j=1}^{n} \frac{P_i P_j}{d_{ij}} , \ (\mathrm{i} \neq \mathrm{j}) \tag{2-9}$$

简化得到 $V_i = \sum_{j=1}^{n} \frac{P_i}{d_{ij}}$，代表了节点 i 与其他所有节点 j 之间的影响（潜能、势能）之和，可以被理解为 i 节点的可达性（accessibility）为外部节点施加到节点 i 的总潜能。

重力法（Hansen，1959）：

$$A_i = \sum_j D_j F(d_{ij}) \tag{2-10}$$

其中，A_i 代表节点 i 到研究区域全部机会点 j 的可达性，D_j 表示节点 j 处的吸引力大小，d_{ij} 描述了节点 i、j 之间的距离，$F(d_{ij})$ 是距离衰减函数，表示距离的衰减。

区域中节点 i 对另外节点 j（一个节点或多个节点）的影响称为节点 i 的潜能，重力法将运输系统与各个节点的经济行为纳入统一的研究框架，这是作为引力因子的地理因素与距离因素双重作用的结果。

（2）平衡系数法（Wilson，1967）

平衡系数法[13-14]多用于竞争机制的可达性度量，实际应用中有产生约束模型、吸引约束模型、单一约束模型和双重约束模型。其中，双重约束模型和单一约束模型较常用，采用单一约束模型时，起点需求是不变的，存在目标节点对起点的竞争；采用双重约束模型时，起点和目标节点的作用力是不变的，此时需求竞争与供给竞争是并存的。双重约束模型应用到可达性计算中，如下：

$$T_{ij} = a_i b_j O_i O_j F(d_{ij}) \tag{2-11}$$

式（2-11）中，T_{ij} 为 i 节点和 j 节点之间的交通量；a_i、b_j 表示平衡系数，O_i、O_j 分别为 i、j 节点的规模，$F(d_{ij})$ 为 i 节点和 j 节点的交通阻隔。平衡系数的计算方式如下：

$$a_i = \frac{1}{\sum_{j=1}^{n} b_j O_j F(d_{ij})} \tag{2-12}$$

$$b_j = \frac{1}{\sum_{j=1}^{m} a_i O_i F(d_{ij})} \tag{2-13}$$

4. 基于交通基础设施（transportation infrastructure）的可达性评价方法

这种方法主要用研究区域的交通基础设施数量及规模评价其可达性，指通过对比研究区域或连接节点的道路等级、道路密度、站点数、网络的分布情况等指标计算可达性，交通基础设施建设越发达，可达性越好。基于交通基础设施的可达性评价方法包括网络分析方法、空间句法和交通优势度。

（1）网络分析方法

网络分析方法将几何交通网转化成一个点轴二元结构，并从拓扑的视角来对区域交通网络进行可达性研究[15]。

网络连接程度：

$$连接率\ \beta = e/v \tag{2-14}$$

$$环路指数\ \mu = e - v + p \tag{2-15}$$

其中，β 代表网络中线路数量 e 与网络中节点数量 v 之比，反映了每一个节点评估的所连接的线路数量，$\beta < 1$ 时，网络呈树状，$\beta > 1$ 时，呈回路网络；μ 代表网络的环路指数，它相当于线路数量减去节点数量后加上网络子图个数 p，μ 值越大，说明网络越发达，可达水平越高。

网络伸展程度指标：

$$网络直径\ D = \max\left\{ S_{ij} \right\} \tag{2-16}$$

$$网络伸展指数\ \eta = \sum_i \sum_j S_{ij} \tag{2-17}$$

对偶两节点间线路数的平均值 $A = \sum_i \sum_j S_{ij} / n(n-1)$。

在连通的网络中，该方法首先求出任意两个节点间的最短路径 S_{ij}，然后将该短路点的个数表示成一个矩阵，该矩阵中各元素的最大值就是网络直径 D 的值。网络伸展指数 η 是指网络由一个节点到距离这一节点最远节点的最短路径线路图，η 指网络的中心。A 表示交通网络中最短路径矩阵元素 S_{ij} 的之和与节点"点对"数的比值，反映对偶两节点间线路的平均值。

网络扩展潜力指标：

实际成环率
$$\alpha = \frac{e - v + p}{\dfrac{vx(v-1)}{2} - (v-1)}, \quad 0 \leqslant \alpha \leqslant 1 \tag{2-18}$$

$$\alpha^* = \frac{e - v + p}{2v - 5p}, \quad 0 \leqslant \alpha \leqslant 1 \tag{2-19}$$

实际结合率
$$\gamma = \frac{e}{\dfrac{vx(v-1)}{2}}, \quad 0 \leqslant \gamma \leqslant 1 \tag{2-20}$$

$$\gamma^* = \frac{e}{\partial^* (v-2)}, \ 0 \leq \gamma \leq 1 \qquad (2\text{-}21)$$

实际成环率 α 能够反映网络中真实回路与可能存在最大回路的比率，$1-\alpha$ 代表成环的潜力。实际结合率 γ 反映线路的实际结合程度与可能出现的最大结合水平的比值，其值越小，表示潜力越大，$1-\gamma$ 表示结合的潜力。一些文献中[16]所定义的簇系数与实际结合率的概念相同。其中带 * 的为全部网络节点，相交的地方即算一个节点；不带 * 的是半网络节点，如航空线路、铁路线路等，有些不能通行的相交点，不计入节点数。

（2）交通优势度[17]

路网密度：
$$D_i = \frac{L_i}{S_i} \qquad (2\text{-}22)$$

D_i（Density）表示节点 i 的交通设施网络密度，L_i（Length）表示节点 i 各个等级道路（高速、国道和省道）的线路长度，S_i（Square）表示节点 i 的面积。

交通干线影响：设某区域 i 的交通干线技术的保障水平为函数 $f(x_i)$，C_{im} 指 i 区域 m 个种类交通干线的影响度，即权重赋值。

$$f(x_i) = \sum_{i=1,m=1}^{n,m} C_{im}, \ i \in (1, 2, 3, \cdots, n); \ m \in (1, 2, 3, \cdots, m) \qquad (2\text{-}23)$$

区位优势度：

$$f_i(x) = Min_i f_{im}(x) = Min_i \left(Min \sum_{m=1}^{n} l_{im} \right), \ \ i = 1, 2, 3, \cdots, n \qquad (2\text{-}24)$$

区位优势度分析主要测算关键空间节点的辐射范围。l_{im} 为节点 i 到节点 m 的路径，$Min \sum_{m=1}^{n} l_{im}$ 为所有路径中最短的一条，可计算出区域 i 到达所有关键节点的最短路径，并进行比较，形成 i 区域的最短路径函数 $f_i(x)$，即区位优势度。

2.3　国内外研究现状

2.3.1　文献综述

结合本研究的研究问题，为探索内蒙古区域综合交通运输业发展水平、经济发展水平之间以及综合交通可达性三者之间的关系，本节计划从以下几个方面对国内外研究现状进行梳理：综合交通运输和经济发展关系的研究、交通可达性研究、交通可达性与综合交通运输关系的研究、交通可达性与经济关系的相关研究；其中，综合交通运输和经济发展的相关研究主要从两者之间的关系和具体研究方法两个角度梳理。交通可达性研究从陆路交通可达性、综合交通可达性等两个角度梳理；可达性与经济关系的相关研究从交通可达性与区域经济的耦合协调关系、可达性对区域经济的影响关系等两个角度进行梳理。在梳理目前国际和国内相关研究成果的基础上，总结归纳以往文献中的不足，多个角度深入探究，尝试从文献中借鉴思路，为后续展开本研究奠定基础。

2.3.1.1 综合交通运输和经济发展关系的研究

外国学者很早之前就对交通运输和经济发展之间的关系做了很多研究。最早来源于亚当·斯密（Adam Smith），他[18]指出在国民经济发展过程中，交通运输起到重要作用，正是交通运输在区域、国家间的物品交换从而给各行业带来广阔的市场空间，大大促进了区域经济的发展。在第十五届城市交通与环境国际会议上（2009）[19]以沙特阿拉伯为例，说明了适当发展运输公路不仅在金钱和时间方面减少了运输费用，而且还有助于国内区域的一体化并且使其他国家更好地了解本国。

在交通运输与经济发展关系的研究上，很多国外专家学者做深入探讨，角度多样，方法也各有优点。Huang Qian（2010）[20]以中国为研究对象，通过使用向量自回归和误差修正模型研究认为，交通运输在短时间及长时间内都对经济发展起着至关重要的作用。Lee（2016）[21]使用投入产出模型分析韩国运输部门对经济的生产效应、供应短缺效应的影响，结果证明如果公路、铁路供应短缺对经济周期的影响比其他部门的大。Utsunomiya（2016）[22]以日本为例，通过使用截面数据分析，表明公共运输对经济发展起着不可或缺的重要作用。

国内对交通运输与经济发展关系的研究可以追溯到20世纪90年代，熊永钧（1993）[23]认为：只有交通运输飞速发展才是经济起飞的保障。而区域的市场经济体制会影响运输业的发展速度。戴宾（2000）[24]从社会经济发展角度详细阐述西部省区城市发展的特点和存在的问题，指出发展城际交通是促进西部城市经济发展的重要途径。

在2000年后，国内学者开始对两者之间的定量关系进行深入研究。目前，应用比较广泛的方法有典型相关分析法、弹性分析法、变异系数法、数据包络分析法、有序度分析法等。伍春阳（2014）[25]就交通运输与经济发展之间的协调发展度，进行了回归分析和改进的熵值分析，并采用GM（1，1）模型对未来三年两者的协调发展度进行了预测。李晓刚（2014）[26]通过构建了交通经济耦合度模型，将交通经济耦合状态划分为低水平耦合、拮抗、磨合及高水平耦合四个阶段。进一步推进了交通运输与经济发展关系的研究。谭玉顺（2015）[27]结合影响交通运输需求的主要因素，建立了基于灰色关联定权模糊、C-均值聚类局部回归的运输需求预测模型，并对我国交通运输的需求进行了预测，确定未来一段时间内综合运输需求的合理规模。张润（2018）[28]构建G-E-DEA协调度模型，分析交通运输和经济发展之间的协调程度，结果也证明协调度和经济发展有着显著的正向作用。陈明粉等（2021）[29]利用典型相关分析方法对贵州省2011—2020年交通运输与经济发展指标数据的相关性进行分析，通过分析两者之间各指标的相互关系及影响程度，客观地评价交通运输对经济发展的作用。张宇杰等（2021）[30]通过分析内蒙古自治区交通运输行业科技创新发展现状，找出存在的问题与不足并明确发展方向。

2.3.1.2　交通可达性研究

交通可达性对地区间的交流、要素流通等方面产生着重要影响，直接或间接影响着区域经济发展，成为国内外学者的重要关注点。当前，交通可达性研究对象从单一的交通发展到陆路交通、空铁联运和包含陆路、港口和航空的综合交通[31]等。本节贴合文章的研究目标，主要从陆路交通可达性与综合交通可达性研究角度梳理分析相关文献。

关于陆路交通可达性研究：靳诚等（2010）[32]以长江三角洲地区为例，对其道路交通的可达性水平进行了实证分析。潘裕娟等（2010）[33]以广东省连州市为研究区域，分析了乡村为单元的公路网可达性水平。Fang等（2014）[34]采用加权平均旅行时间评价模型，分析了金刚山风景区公路网可达性水平。嵇昊威等（2014）[35]将空间距离、时间距离、连接性为主要指标，分析了煤轨交通运输网络的可达性。Wang等（2016）[36]采用可达性和路网密度两个指标，对北京南北两个区域的路网结构与空间通达度进行了分析和比较。张起源（2021）[37]计算内蒙古范围内的铁路可达性，并分析了铁路建设与经济发展的耦合协调度。徐凤等（2021）[38]采用加权平均旅行时间衡量江苏省13个城市间的高铁与公路交通可达性程度及均衡水平。魏中许等（2022）[39]则选择加权平均旅行时间作为指标，评价了四川省各市州公路网络交通可达性。王栋栋等（2022）[40]借助GIS平台，利用最小阻抗模型分析成安县公路网可达性。司亚旺等（2022）[41]在对比普铁和高铁的可达性水平的基础上，采用离散度分析法综合评价了区域可达性水平。

关于综合交通可达性研究：Imecki 等（2013）[42]评估 SEE 公路、铁路和航空客运可达性，进一步确定潜在改善措施。浩飞龙等（2021）[43]以百度地图路径规划 API 以及腾讯宜出行大数据，通过融合多模式（步行、公交和驾车）的引力模型和双变量空间自相关分析，对长春市区的公园和绿地进行了全面测量。冯柏盛等（2022）[44]构建了城市交通网络可达性评价指标体系，利用层次分析法计算了北京、上海和重庆的交通网络可达性综合得分。罗鹏等（2022）[45]在综合考虑片区人口加权的网络可达性指标的基础上，提出道路、轨道一体化系统的网络可达性计算方法，分析了东莞市的网络可达性特征。周立军等（2022）[46]通过对高德地图 API 爬取，收集哈尔滨主城区交通出行数据，基于综合交通 2SFCA 计算公式分析了景区的可达性水平。

2.3.1.3 交通可达性与综合交通运输影响因素的研究

关于交通可达性与综合交通运输影响因素研究上，国内外专家学者从多个方面进行深入探讨。王先鹏等（2009）[47]以河南省镇平县为研究对象，总结分析区域地理位置、道路网络连通性和与高等级干线公路连接情况三大因素影响下的路网调整对交通可达性的改善程度。陆化普等（2009）[48]分析可达性和城市交通规划之间的关系，认为在城市交通规划中交通可达性具有普适性。孙超等（2011）[49]将交叉口这一影响因素加入城市交通状态的研究中，重新定义交通状态系数，对可达性和交通状态进行分析。黄晓燕等（2014）[50]通过比较不同地铁站点和线路数量广州市交通网络模型的变化，分析建设地铁对城市交通网络可达性的影响。潘彦江等（2014）[51]综合区域交通状态变化、区域主要出入口等因素分析南昌市各区域的可达性分布特征，结果表明南昌市隧道灯、过江大桥对区域交通可达性具有显著影响。张雪梅（2015）[52]构建公共交通系统可达性指标体系，研究土地资源利用与交通可达性之间协调关系。马书红等（2018）[53]通过考虑不同交通方式的费用、时间和服务质量等因素探究交通系统对综合交通可达性的影响。杨利峰等（2023）[54]则认为区域交通条件、地理位置、人口数量以及客源地市场都会对景区公路交通可达性产生较大影响。

2.3.1.4 交通可达性与经济的关系研究

学者对交通可达性与区域经济的耦合协调关系进行了大量的研究。刘传明等（2011）[55]实证分析了淮安市综合交通可达性，并测算了综合交通可达性与经济发展水平协调性的演变。孟德友等（2012）[56]以中原经济区为研究区，分析了各县市交通优势度与经济发展的耦合协调水平。刘海旭等（2019）[57]以京津冀150个县域为研究节点，构建综合交通可达性和区域经济评价模型。并借助耦合协调度指标，分析了交通可达性与区域经济发展的交互影响作用。姚一民（2019）[58]以粤港澳地区23个城市为研究对象，应用耦合协调度模型，对其交通可达性与经济发展状况进行了综合评价。周晓雅等（2020）[59]通过GIS网络分析、加权平均旅行时间模型、熵权法和耦合协同模型等方法，研究了云南省公路交通可达性与区域经济发展的耦合协调水平。周倩等（2020）[60]在构建城市群交通与经济发展水平评价体系的基础上，研究了长株潭城市群的交通可达性与经济关联模式的耦合协同机制。崔晶等（2020）[61]以哈大、郑西—西宝、兰新高铁为对象，分别研究了高速铁路可达性、经济和社会发展水平以及二者的协同关系。吴宜耽等（2021）[62]基于最短旅行时间矩阵与交通基础设施水平构建交通可达性模型，以四川省18个地级市为研究区域，度量了交通可达性及经济发展水平，并评估了二者的相互作用程度。陈小红等（2021）[63]采取交通网络密度、综合交通可达性、邻近度等指标，构建综合交通优势度多属性评价模型，探究了综合交通优势度与经济发展的耦合协调水平及相互作用机制。Zou等（2022）[64]为探讨高速铁路建设在区域发展中的作用，研究调查了中国湖南省开通高速铁路后可达性与经济联系耦合协调的时空变化。胡明伟等（2022）[65]通过构建耦合协调度模型，对城际轨道交通可达性与经济发展水平之间的相关性进行了评估。

关于可达性对区域经济的影响关系研究成果斐然。叶翀等（2017）[66]以可达性为切入点，运用回归分析方法，从"可达"角度对高铁对地区经济发展的直接作用进行了实证分析。李杰梅等（2019）[67]建立边境运输可达性评价和港口经济发展程度的理论模型，运用引力模型，揭示边境运输可达性对港口经济发展的作用机制。王振华等（2020）[68]运用SARAR模型，检验我国不同等级的城市在高质量发展过程中的可达性提升对区域发展的作用路径；结果表明：提高城市之间的交通可达性可以提高城市的劳动生产率。朱宇婷等（2020）[69]以北京市六环为研究区域，通过全局常参数和局部变参数回归模型，探讨了交通可达性的时空分布特点。王新越等（2021）[70]以青岛为例，运用VAR分析方法，对黄河地区主要旅游城市之间的交通可达性与旅游业发展的动态关系进行了分析。马丽黎等（2021）[71]通过构建可达性模型和双重差分模型，对高铁沿线地区可达性与经济发展之间的关系进行了研究，结果表明，在高速铁路运营前后，可达性的格局没有发生变化，但是其改善的程度却出现了空间上的差别；因此，高速铁路的开通对推动区域经济的综合协调发展是有利的。黄承锋等（2022）[72]选取成渝双城经济圈作为研究区，通过对两个城市之间的耦合关系进行实证研究，发现两个城市之间呈现出显著的空间集聚关系，并呈现出逐年增强的趋势。胡明伟等（2022）[65]利用双重差分模型，对城际轨道线路开通与城市经济发展之间的影响关系进行了实证检验。

2.3.2 研究述评

虽然学者已经对交通运输和经济发展两者之间的关系做了大量研究，但是在定量研究部分还有所欠缺，总结如下：交通运输和经济发展在指标体系的建立以及指标选取方面的依据并不够全面。研究内容侧重不同会造成选取指标的差异，指标选取不合理会对研究结果造成偏差。所以，建立合理的指标体系是研究中的重点。在现有的研究中，大多都是以国家层面为研究对象，具体到某一个省份的研究比较少。然而，每个省的交通运输和经济发展状况并不一样，都具有自己的特点，不能一概而论。目前对内蒙古的交通运输和经济发展的研究中，几乎都是描述两者之间的关系、现状。目前还没有文献对自治区进行定量分析研究。

通过对已有研究成果的分析，归纳出了可达性的基本特点：可达性是一种具有时间意义和社会经济意义的空间概念；起点、终点以及交通系统是三个不可缺少的因素。现有国内外交通可达性研究主要以陆路、航空和综合交通为研究对象，测度内容分为两类：一是利用时间距离或者空间距离等指标衡量节点间不同交通方式的便捷程度，其距离越短，可达性水平越高；二是从区域间相互作用的角度出发衡量可达性，指标有距离、人口规模和GDP等。从研究尺度来看，国内外可达性研究既包括洲际、国家层面，也有省市、村镇以及公共场所等方面。

国内学者在研究中通常使用空间阻隔、空间相互作用模型和交通网络可达性模型测度。近几年国内可达性研究发展变化有，研究指标从定性发展为定量，研究尺度从宏观层面发展为微观层面，研究内容从区域或公共场所的可达性水平研究，扩展为旅游交通、可达性与区域经济的相关关系与耦合协调研究、新建交通基础设施对区域可达性影响研究、可达性对经济的影响效应等。国外学者通常使用旅行费用和引力模型测度可达性；其研究内容多数集中在土地利用、公共交通可达性、可达性对社会公平的影响、交通网络规划等方面。其中，国内外新建交通基础设施对区域可达性影响的相关研究，大部分集中于新建高速铁路对区域可达性的影响。

交通可达性与经济发展水平的耦合协调分析和空间效应研究中，可达性主要以加权平均旅行时间、交通网络指标衡量；经济发展水平或节点吸引力主要以GDP、人口规模等指标衡量；使用的方法有耦合协调度模型、计量经济学模型和空间计量经济学模型等；从影响关系研究结果来看，学界普遍认为可达性对区域经济发展有着促进作用，多数研究得出可达性促进经济增长的结论。其主要体现在缩短节点间的时间距离，增加了区域间的交流机会，促进区域间要素流动，优化产业格局和人口分布、增强要素集散能力等。其中，可达性对区域经济的空间效应尚未达成共识。

本研究结合以往文献，基于当前综合交通可达性与区域经济发展水平的耦合协调及空间效应研究，个人认为有以下不足：大多数综合交通可达性研究中考虑的交通方式不够全面；研究尺度方面，大多选择省级行政区作为研究区域，缺少针对地级、县级行政区节点的可达性分析；可达性对经济发展的影响方面，缺少对其空间依赖性、空间效应等方面的研究。因此，本研究针对以上不足，收集内蒙古12个地级行政区及其下属101个县级行政区之间的旅行时间数据与经济水平发展指标，基于加权平均旅行时间、区位优势潜力等可达性相关模型，对区域可达性与经济发展水平的耦合协调关系和空间效应两个方面进行深入分析。

2.4 理论基础

交通发展对区域经济的影响一直是学术界关注的热点问题。一直以来，交通与经济发展是相互促进的，经济发展需要交通建设，交通建设同样脱离不了经济的发展。区域在发展过程中，由于某些因素，其空间结构会发生较大的变化。政府和经济中心的出现，使得区域间有了交流互通，并相互产生影响；随着区域发展格局发生变化，交通发展与经济发展水平显示出差距，这种差距将区域分为中心地和边缘地。这种落差严重的时候会使得全区发展变得缓慢、落后。本节从交通、区域发展特征和区域间的相互影响等角度梳理相关理论，为本研究的实证研究打好理论基础。

2.4.1 交通运输经济理论

交通运输活动作为社会和经济运行的重要组成部分，对区域经济生产力有着极大的影响。《资本论》中对交通问题做了较多的讨论，其中所蕴含的交通经济学对我国的交通经济发展具有十分重大的指导作用[73]。同时，马克思的经济学说中，交通运输的经济理论是非常关键的一环，马克思曾提出：交通运输是一个自成体系的生产部门，货物在空间内的流动，也就是货物的运输[74]。1998年我国学者孙光远[75]首次提出，经济发展的主要问题是调整并优化综合交通运输结构，做好综合交通运输的规划建设，以适应我国经济和社会发展需求。

刘秉镰和赵金涛（2005）[76]对目前交通运输与区域经济发展之间存在的三种因果关系进行了归纳和实证检验：第一种关系即交通运输是区域经济发展的需求，而交通运输的发展就是为了满足经济活动所产生的交通运输需求；第二种关系指交通的发展对地区经济的推动，它突出了交通对地区经济发展的影响；第三种关系则是将前面两个联系结合起来，得出了一个结论：交通运输是区域经济发展的原因，也是区域经济发展的结果。外国学者Banister和Berechman（2001）[77]总结了交通运输与经济发展之间的关系，认为交通运输能力的提升可以降低运输成本，但是影响经济发展的因素众多，交通运输只是影响因素之一。交通运输因素对经济发展的影响因地而异，交通基础设施的建设要适合当地的发展情况[78]。交通基础设施（transport infrastructure）作为交通运输活动的基础工程设施，用于保障区域经济活动的正常运行。

2.4.2 中心地理论

中心地理论（Christaller，1933）是在古典区位理论的背景下提出的，指供给中心地的布局场所，是近代区位论的中心。中心地理论的两个前提是：第一，区域范围内各个节点除了距离不同外，其他具有同质性，由此说明节点之间的可达程度在多数情况下只与距离相关；第二，不同方向上具有较统一的交通体系。在这两个假设的基础上将生产者和消费者均认为是理性经济人，由于理性经济人遵循利益最大化的原则，而消费者为了降低出行成本，就会尽量去中心地购买货物和服务。中心地理论认为一个区域的中心地与腹地是相互依存、相互制约与相互服务的关系。

中心地具有等级性，由于支配原则的差异，各中心地之间所构成的网络结构也不尽相同。

（1）市场原则支配下的中心地空间结构：在"市场法则"作用下，一个高级的中心地，不但能吸引本等级地区的商业服务活动，还能吸引邻近6个低级中心地中1/3的中心地的商业服务活动。各等级中心地的市场地域范围呈3的倍数关系，故也被称作K=3的中心地系统。

（2）交通原则支配下的中心地空间结构：交通原则是以交通线的合理布局为基

础而构成的一个中心地体系，在最有效率的体系中，交通干线连接着尽可能多的中心地，从而产生了K=4的空间结构。

（3）行政原则支配下的中心地空间结构：为方便管理，每个较高级别的中心地都会对较低级别的6个中心地进行全面的控制，其中控制地一共7个（包含较高级别的中心地），产生了K=7的空间结构。

中心地理论对区域规划布局有着极其重要的意义，可以用来研究区域经济结构特征、交通基础设施布局等。

2.4.3　核心—边缘理论

核心—边缘理论（John Friedmann，1966）是用于解释区域空间由互不关联—孤立发展—彼此联系—发展不平衡—发展平衡的演变模式的理论。该理论中，核心区域具备较高水平的发展能力，指城市集聚区，相比于其他地区，城市的特点是：工业和科技发达、资本集中、人口密集等；边缘区域在空间体系中处于被支配的地位，依靠核心区域而存在，主要指区域内经济、交通落后的区域。弗里得曼从行为视角对地区发展模式进行了分析，并给出了五条基本假定：第一，地区是国家经济体系中的一个组成部分，地区不可能单独"生存"，与其他地区一定密切相关。第二，地区发展是以"出口"为基础的经济活动相联系的。第三，地区的发展与社会和政治体制密切相关。第四，地区领袖的立场与地区发展密切相关。第五，这些地区的开发主要集中在靠近市区的地方。

2.4.4　空间相互作用理论

空间相互作用指为保证区域空间内的生产、生活的正常运转，各区域之间不断进行物质、人口、经济和信息的交流交换。

E.L.Ullman提出空间相互作用的概念，并系统地阐述了影响和决定空间相互作用的三个基本要素：可迁移性（transferability）、互补性（complementarity）和中介机会（intervening opportunities）。

可迁移性：空间相互作用的必要前提是运输成本要低于转移收益。韦伯在工业区位论中指出，运费是距离的函数，运输成本在空间上随距离的变化有显著的规律性，运输距离、时间长短和运费等成本越多，空间交流的阻力越大。因此，距离的阻隔效果使得空间组织中的距离出现衰减规律。

互补性：从供需角度出发，认为空间相互作用时一方是供给者，另一方是需求者，两者之间的这种关系实现了空间的相互作用。互补性注重两个区域空间的贸易经济关系，这种关系构成了空间相互作用的基础，供需越大、互补性越大，空间之间的流动量也越大。

中介机会：空间之间的互补性，导致经济、人口和信息的流通，中介机会使得区域空间 A 和空间 B 中介入另一个能够消化或在两个空间中起到中介作用的空间 C，改变了原有的空间相互作用格局。一方面，中介机会可以节省运输成本，促进商品流通；另一方面，影响人口移动的过滤作用，减少远距离的空间相互作用。

P. Haggett（1972）将空间相互作用划分为三类：对流、传导和辐射。对流作用的特点是物质和人活动，传导作用的特征是不借助特定的物质流动（比如哪种交易过程的表现为货币流），辐射作用指的是信息的流动、创新思维或技术的辐射扩散等。

3 内蒙古综合交通运输业发展和经济发展现状分析

3.1 综合交通运输业发展水平体系的构建与测度

3.1.1 综合交通运输业发展水平体系的构建

3.1.1.1 综合交通运输业发展水平评价指标选取原则

科学性原则。在充分理解和系统研究的前提下，构建科学的评估指标体系。指标的定义明确、测算准确、方法规范，能够准确反映出地级行政区综合交通运输业发展水平。

代表性原则。地级行政区综合交通运输业发展水平的评价指标选取要具备较强的代表性，即具有辨别地级行政区综合交通运输业发展水平高低能力。在构建评价指标体系时选取的指标能够集中反映综合交通运输业发展水平方面的问题。

综合性原则。选取的指标能够在浓缩地级行政区的综合交通运输业发展水平问题的基础上，指标体系能够全面反映地级行政区综合交通运输业发展水平的代表性问题，在保证指标不重叠的前提下，客观地反映出区域的真实发展状况。

3.1.1.2 综合交通运输业发展水平体系的指标选取及数据来源

影响综合交通运输业发展水平的因素有很多，本研究主要从基础设施、运输服务、科技发展和绿色安全等四个方面对综合交通运输业发展水平进行评估。该部分主要对内蒙古自治区12个地级行政区2011—2020年的综合交通运输业发展水平进行测算。在测算过程中，指标数据来自《内蒙古统计年鉴》（2012—2021年）及各地级行政区的统计年鉴及国民经济和发展统计公报。对于某些地级行政区缺失的个别数据，采用均值替换法进行处理（见表3-1）。

表3-1　综合交通运输业发展水平评价指标体系

目标层	结构层	指标层	表征	指标来源	性质
综合交通运输发展水平	基础设施	人均城市道路面积（平方米）	Y11	谭晓伟等[79]；卢新海等[80]	正向
		每万人拥有公路里程数（公里）	Y12	卢新海等[80]；高阳等[81]	正向
		每万人拥有公共汽车辆（标台）	Y13	卢新海等[80]	正向
	运输服务	公路旅客周转量（万人公里）	Y21	陈旭等[82]；黄勇奇等[83]	正向
		公路货物周转量（万吨公里）	Y22	陈旭等[82]；黄勇奇等[83]	正向
		邮政业务总量（万元）	Y23	黄勇奇等[83]	正向
	科技发展	科技信息与文献机构数（个）	Y31	刘建明等[84]	正向
		科技信息与文献机构从业人员数（人）	Y32	刘建明等[84]	正向
		科技信息与文献机构科技经费筹集总额（万元）	Y33	刘建明等[84]	正向
		科技信息与文献机构科技经费内部支出总额（万元）	Y34	刘建明等[84]	正向
	绿色安全	交通事故发生数（起）	Y41	马奇飞等[85]；高阳等[81]	负向
		交通事故死亡人数（人）	Y42	马奇飞等[85]；高阳等[81]	负向
		交通事故直接经济损失（元）	Y43	马奇飞等[85]	负向

3.1.2　指标权重的确定

对于综合交通运输业发展水平体系来说，准确确定指标权重尤为关键，这就关系到如何从各赋权方法中选择最合适的。现在常用的方法主要分为主观和客观两类，主观赋权主要包括层次分析法、专家评分法等，这类方法主要是根据专家和学者的主观偏好，基于主观想法比较评价指标的重要性并得出权重的方法，但是这类方法主观性强，具有一定随意性；客观赋权法主要包括CRITIC法、熵值法、标准离差法等，客观赋权法可以有效地避免主观赋权重带来的局限性，使得综合指标的精确度和客观性得以加强。本研究选择使用熵值法测算综合交通运输业发展水平体系指标的权重。

熵值法是一种基于指数变异度的目标权重分配方法[86]。一般来说，如果一个指标的信息熵越低，则表示该指标值的变异程度越大，能够提供的信息量越多，在综合评价中所能发挥的作用也越大，其权重也就越大。与此相对，某个指标的信息熵越大，则意味着该指标值的变异程度越小，所能提供的信息量也越少，在综合评价中所起到的作用也越小，其权重也就越小。具体步骤如下：

首先，标准化处理各指标。假设给定了m个指标X_1，X_2，$\cdots$，X_m，其中

$X_i = \{x_1, x_2, \cdots, x_n\}$。设定对各指标数据标准化后的值为 Y_1，Y_2，$\cdots$，Y_m，那么

$$\begin{cases} Y_{ij} = \dfrac{X_{ij} - \min(X_i)}{\max(X_i) - \min(X_i)}, & \text{正向指标时} \\[3mm] Y_{ij} = \dfrac{\max(X_{ij}) - X_{ij}}{\max(X_i) - \min(X_i)}, & \text{负向指标时} \end{cases} \tag{3-1}$$

求出第 j 项指标在第 i 个方案中占该指标的比重 p_{ij}。

$$p_{ij} = \frac{Y_{ij}}{\sum\limits_{i=1}^{n} Y_{ij}}, \ i = 1, \cdots, n, \ j = 1, \cdots, m \tag{3-2}$$

根据信息熵的定义，一组数据的信息熵为 $E_j = -\ln(n)^{-1} \sum\limits_{i=1}^{n} p_{ij} \ln p_{ij}$，其中 $p_{ij} = Y_{ij} / \sum\limits_{i=1}^{n} Y_{ij}$，如果 $p_{ij} = 0$，则定义 $E_j = 0$。

根据信息熵的计算公式，计算出各个指标的信息熵为 E_1，E_2，$\cdots$，E_m。通过信息熵计算各指标的权重，公式如下：

$$w_j = \frac{1 - \sum E_j}{k - \sum E_j} \tag{3-3}$$

其中，$D_j = 1 - \sum E_j$ 为差异性系数，熵值结果越小，差异性系数越大，指标贡献越大，可表示为 $w_j = \dfrac{D_j}{\sum\limits_{j=1}^{m} D_j}$。

将原数据标准化后，乘以基于熵值法计算得到对应权重，再经过线性加权叠加法得到交通运输业发展规模指数，公式如下：

$$ES_i = w_k \frac{X_{ik}}{X_{ik}} \tag{3-4}$$

其中，ES_i 为地级行政区 i 的综合交通运输业发展水平指数，w_k 为指标 k 的对应权重，X_{ik} 为地级行政区 i 指标 k 的原数据值。

3.1.3 变异系数

本研究使用变异系数衡量内蒙古自治区综合交通运输业发展水平的差异特征变化程度。标准差和变异系数分别反映区域之间绝对差异变化特征和相对差异变化特征[87]。

$$V_i = \sigma_i / \overline{x_i} \tag{3-5}$$

V_i、σ_i、$\bar{x}_i$分别表示第i年自治区综合交通运输业发展水平的变异系数、标准差和均值。

3.1.4 综合交通运输业发展水平测度结果与分析

3.1.4.1 综合交通运输业发展水平指标权重结果分析

本研究选取内蒙古自治区12个地级行政区2011—2020年各评价指标的数据作为内蒙古综合交通运输业发展水平的原始数据，通过对指标进行标准化处理之后，根据上述熵值法的过程相应求出各年指标权重，具体的结构层指标权重如表3-2。

表3-2　综合交通运输业发展水平结构层指标权重

年份	基础设施	运输服务	科技发展	绿色安全
2011	0.176	0.154	0.569	0.102
2012	0.184	0.164	0.573	0.079
2013	0.161	0.179	0.598	0.061
2014	0.155	0.193	0.559	0.093
2015	0.146	0.214	0.579	0.061
2016	0.170	0.204	0.560	0.066
2017	0.150	0.184	0.589	0.077
2018	0.155	0.217	0.535	0.094
2019	0.184	0.204	0.515	0.096
2020	0.169	0.220	0.501	0.110

通过分析表3-2指标权重发现，各结构层指标在不同年份的权重处于不断变化的过程中。在2011—2020年，对内蒙古综合交通运输业发展水平影响最大的指标是科技发展，权重在50.1%～59.8%波动，总体呈现先上升后下降的倒"U"形趋势，最高点位于2013年，权重为59.8%，说明内蒙古政府对自治区科技发展水平非常重视，科技发展水平改善可以有效提高区域的综合交通运输业发展水平。对内蒙古综合交通运输业发展水平影响最小的指标是绿色安全，权重在6.1%～11.0%，近年来呈现出上升趋势，权重由2015年的6.1%逐步上升为2020年的11.0%。基础设施和运输服务对综合交通运输业发展水平的影响程度相差不大，权重均处于14.6%～22.0%，其中，基础设施权重无明显增减趋势，始终围绕16%波动；而运输

服务权重总体呈上升趋势，相比2011年，2020年权重增长率为42.8%。

3.1.4.2 综合交通运输业发展水平测度结果与分析

2011—2020年内蒙古综合交通运输业发展水平综合评价值及排名见表3-3。

表 3-3 综合交通运输业发展水平综合值及排名

地区	2011综合值	排名	2012综合值	排名	2013综合值	排名	2014综合值	排名	2015综合值	排名
呼和浩特市	0.742	1	0.757	1	0.786	1	0.738	1	0.783	1
包头市	0.186	9	0.184	9	0.177	6	0.201	5	0.193	5
呼伦贝尔市	0.255	4	0.279	3	0.225	3	0.231	4	0.198	4
兴安盟	0.150	11	0.135	11	0.124	11	0.128	11	0.116	11
通辽市	0.168	10	0.175	10	0.171	10	0.159	10	0.172	9
赤峰市	0.196	6	0.191	8	0.175	7	0.197	6	0.178	7
锡林郭勒盟	0.256	3	0.243	4	0.175	8	0.181	9	0.190	6
乌兰察布市	0.194	8	0.191	7	0.195	5	0.193	7	0.178	8
鄂尔多斯市	0.314	2	0.324	2	0.240	2	0.235	3	0.214	2
巴彦淖尔市	0.223	5	0.201	5	0.196	4	0.236	2	0.202	3
乌海市	0.140	12	0.118	12	0.081	12	0.120	12	0.093	12
阿拉善盟	0.194	7	0.200	6	0.172	9	0.182	8	0.171	10
	0.252（平均值）		0.250（平均值）		0.226（平均值）		0.233（平均值）		0.224（平均值）	

地区	2016综合值	排名	2017综合值	排名	2018综合值	排名	2019综合值	排名	2020综合值	排名
呼和浩特市	0.733	1	0.752	1	0.732	1	0.690	1	0.679	1
包头市	0.210	5	0.198	4	0.208	8	0.177	11	0.148	11
呼伦贝尔市	0.211	4	0.190	7	0.205	7	0.248	6	0.265	7
兴安盟	0.123	11	0.121	11	0.165	11	0.179	10	0.200	9
通辽市	0.187	9	0.196	5	0.177	10	0.201	9	0.234	8
赤峰市	0.194	7	0.187	8	0.225	5	0.243	7	0.276	6
锡林郭勒盟	0.201	6	0.193	6	0.239	3	0.366	2	0.387	2
乌兰察布市	0.187	10	0.184	10	0.219	6	0.271	5	0.278	5
鄂尔多斯市	0.260	2	0.213	3	0.231	4	0.306	3	0.295	3
巴彦淖尔市	0.218	3	0.216	2	0.244	2	0.281	4	0.294	4
乌海市	0.093	12	0.097	12	0.105	12	0.109	12	0.099	12
阿拉善盟	0.192	8	0.184	9	0.198	9	0.217	8	0.178	10
	0.234（平均值）		0.227（平均值）		0.246（平均值）		0.247（平均值）		0.278（平均值）	

从表3-3结果可以看出，内蒙古各地级行政区综合交通运输业发展的平均水平整体呈现缓慢上升的趋势。2011—2020年各地级行政区的排名一直在不断浮动，但呼和浩特市和乌海市排名始终没有变化，分别是第1和第12，说明呼和浩特市综合交通运输业发展程度好，乌海市的综合交通运输业发展则需要进行改善。总体来看，综合值排名靠前的几个地级行政区为呼和浩特市、鄂尔多斯市、巴彦淖尔市、锡林郭勒盟，排名靠后的几个地级行政区为兴安盟、乌海市、通辽市。

为更好地了解内蒙古各区域综合交通运输业发展现状，对内蒙古2020年综合交通运输业发展水平进一步分析（表3-4）。2020年内蒙古12个地级行政区综合交通运输业发展水平排序为呼和浩特市>锡林郭勒盟>鄂尔多斯市>巴彦淖尔市>乌兰察布市>赤峰市>呼伦贝尔市>通辽市>兴安盟>阿拉善盟>包头市>乌海市。呼和浩特市综合交通运输业发展最好，科技发展和运输服务方面发展突出，排名分别为第1和第2，然而其基础设施和绿色安全的发展并不好，排名分别为第10和第11，由于其2020年科技发展权重占比为50.1%，所以呼和浩特市的排名依旧最高。乌海市除绿色安全排第5外，基础设施、运输服务和科技发展，排名分别为第12、第11和第12，各方面发展都处于落后水平。

表 3-4 2020年综合交通运输业发展水平结构层指标综合值及排名

地区	基础设施		运输服务		科技发展		绿色安全	
	加权得分	排名	加权得分	排名	加权得分	排名	加权得分	排名
呼和浩特市	0.029	10	0.125	2	0.501	1	0.025	11
包头市	0.025	11	0.067	6	0.039	8	0.017	12
呼伦贝尔市	0.073	5	0.065	7	0.066	4	0.062	7
兴安盟	0.059	6	0.022	10	0.029	10	0.090	4
通辽市	0.047	7	0.080	4	0.060	7	0.047	8
赤峰市	0.033	9	0.143	1	0.036	9	0.065	6
锡林郭勒盟	0.079	3	0.031	9	0.168	2	0.109	1
乌兰察布市	0.074	4	0.046	8	0.063	6	0.096	3
鄂尔多斯市	0.089	2	0.114	3	0.064	5	0.029	10
巴彦淖尔市	0.044	8	0.069	5	0.079	3	0.101	2
乌海市	0.019	12	0.009	11	0.001	12	0.071	5
阿拉善盟	0.106	1	0.008	12	0.025	11	0.039	9

通过2011—2020年标准差和变异系数分析内蒙古自治区综合交通运输业发展水平的区域差异特征。从图3-1可以看出，标准差值没有明显升降趋势，均围绕着0.15上下浮动，说明内蒙古各地级行政区综合交通运输业发展水平的绝对差异变动趋势稳定。变异系数值变动幅度相对较大，但总体呈下降趋势，变异系数由2011年的0.617下降为2020年的0.510，下降幅度为17.3%，表明内蒙古各地级行政区综合交通运输业发展水平的相对差异缩小。总的来说，2011—2020年内蒙古低水平地区综合交通运输业发展水平对高水平地区存在"赶追效应"。

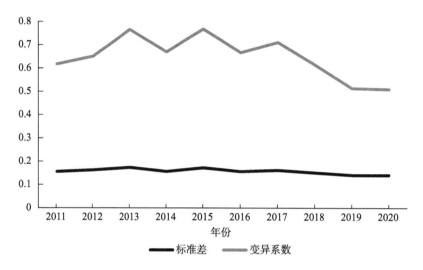

图 3-1　内蒙古综合交通运业发展水平标准差和变异系数变化趋势

3.2　经济发展水平的构建与测度

3.2.1　经济发展水平体系的构建与测度

评价区域经济发展水平的方法总体上分为两种：一种是采用单一指标法，通常选取地区生产总值或人均地区生产总值等指标来评价，简单明了但有失偏颇；另一种是综合指标法，选取两个及以上指标从多个方面进行评价，相较于第一种方法，考虑因素较多、更客观、多角度。本研究选择综合指标法，对内蒙古自治区范围内12个地级行政区进行经济发展水平评价，这不但可以让我们对各地级行政区的经济实力情况有一个整体的认识，还可以更加清楚地看到区域发展落后的地方，因地制宜，为地区政府制定适宜的经济发展政策提供参考。可以用经济发展综合指数对某一地区的经济发展进行测度。将选取的区域经济水平评价指标数据经标准化处理后通过线性加权叠加即可得到该地级行政区经济规模指数。

参考以往文献，区域经济水平评价的指标主要包括地区生产总值、人均地区生产总值、第二三产业产值占GDP比重、地方财政收入、城镇人均可支配收入、全社会固定资产投资额、进出口总额、人口密度、学校数量、医院床位数量、城市绿化面积等。其统计情况如表3-5。

表3-5 频数法统计的区域经济发展水平评价指标

序号	选取的指标及数量	研究区域	作者及文献
1	经济规模：地区生产总值、社会消费品零售总额、年末城乡居民储蓄存款余额；经济效益：人均地区生产总值、人均社会消费品零售总额；结构水平：第二产业产值比重、第三产业产值比重	贵州省黔南州	许贵芝（2022）[88]
2	经济发展：地区生产总值、人均GDP、第二三产业产值比重、公共财政收入、固定资产投资额、居民储蓄存款余额；社会发展：从业人员数量、社会消费品零售总额、城镇人均可支配收入、邮电业务量、卫生机构床位数；城市建设：人均公园绿地面积、人均道路面积、建成区绿化覆盖率	中原城市群	安俞静等（2018）[89]
3	国内生产总值、人均国内生产总值、全社会固定资产投资额、地方一般预算收入、农林牧渔业总产值、工业总产值、第三产业总值、社会消费品零售总额、人均固定资产投资总额、人均农林牧渔业总产值、人均工业总产值、地方一般预算支出、批发业销售额、零售业销售额、住宿业销售额、餐饮业销售额	内蒙古自治区	丁洪峰、峻峰（2016）[90]
4	经济总量：总人口、人均GDP、人均第三产业增加值、人均规模以上工业增加值、人均固定资产投资额、人均财政收入、人均社会消费品零售总额、人均金融机构存款年底余额、单位GDP电耗、单位GDP能耗；对外经济开放程度：人均进出口总额、人均实际利用外资；人民生活水平：人均保费收入、财政支出中民生支出额、在岗职工平均工资、农民人均纯收入、城镇居民人均可支配收入、城乡居民储蓄存款年底余额；基础设施：每万人公路线路里程、人均邮电业务总量、每万人从业人员数、每万人拥有卫生机构数、每万人民用汽车拥有量、每万人卫生机构床位数	河南省	陈璐、李成标（2015）[91]
5	经济水平：人均GDP、GDP密度、人均财政一般预算收入、第二产业产值比重、第三产业产值比重、非农产业人口比重；投资消费水平：人均社会消费品零售总额、全社会人均固定资产投资额、农业商品率、人均贷款余额；人民富裕水平：城乡居民人均储蓄存款、城镇在岗职工年均工资、农民人均纯收入	重庆市	杜挺等（2014）[92]
6	人均GDP、人均社会固定资产投资额、人均社会消费品零售总额、人均地方财政收入、非农产业人口比重、城镇可支配收入、农村人均纯收入、非农产业产值比重	济南市	程钰等（2013）[93]
7	人均国内生产总值、人均全社会固定资产投资总额、人均社会消费品零售总额、人均进出口总额、地方财政收支比、城镇家庭平均每人可支配收入、农村居民家庭人均年纯收入、非农产业人口比重、非农产业增加值比重	中国省际	张纯记（2010）[94]

序号	选取的指标及数量	研究区域	作者及文献
8	经济实力：GDP、地方财政收入；质量和效益：全社会固定资产投资额、规模以上工业实现利税；富裕程度：人均GDP；社会消费程度：进出口消费品零售总额、城镇居民人均可支配收入、农村居民可支配收入；开放程度：进出口总值；发展速度：GDP增长率	中原地区	张吉献、杨铭（2009）[95]
9	地区生产总值、城镇从业人员数、人均地方财政预算内收入、人均全社会固定资产投资总额、经济密度、第二三产业产值占GDP比重、GDP增长速率、人均社会消费品零售额	天津市	张雪花、张宏伟（2008）[96]
10	人均地方财政收入、人均地方财政支出、城乡居民人均储蓄存款余额、人均GDP、第二产业比重、第三产业比重、人均第二产业增加值、人均第三产业增加值、非农产业人口比重、人口密度、每万人拥有中等学校在校学生人数、每万人拥有医院床位数	辽中城市群	桑秋等（2008）[97]
指标频数统计	人均GDP（8）、地区生产总值（5）、第二三产业产值占GDP比重（5）、人均地方财政收入（5）、城镇人均可支配收入（5）、全社会固定资产投资额（4）、人均固定资产投资额（4）、人均社会消费品零售总额（4）、社会消费品零售总额（3）、地方财政收入（3）、进出口总值（3）、城乡居民人均储蓄存款余额（3）、城乡居民储蓄存款余额（2）、人均财政支出（2）、每万人拥有床位数（2）		

采用频数法统计出文献中经济发展水平评价指标的使用频次，结合内蒙古自治区自身地理因素的同时，考虑数据的可获取性等因素，选择了地区生产总值、人均地区生产总值、第二产业占比、第三产业占比、人均地方财政收入、城镇人均可支配收入、全社会固定资产投资额、人均社会消费品零售总额等八个评价指标计算经济规模指数。具体经济发展水平体系如表3-6所示，研究数据为2012—2021年内蒙古12个地级行政区的面板数据，原始数据来自《内蒙古统计年鉴》及各盟市的统计年鉴。对于某些地级行政区缺失的数据，采用均值替换法进行填补。

表3-6　经济发展水平评价指标体系

目标层	指标层	表征	指标来源	性质
经济发展水平	人均生产总值（元）	X1	程钰等[93]；张吉献、杨铭[95]	正向
	地区生产总值（亿元）	X2	张雪花、张宏伟[96]	正向
	人均地方财政收入（元）	X3	张纯记[94]	正向
	第二产业产值比重（%）	X4	张雪花、张宏伟[96]	正向
	第三产业产值比重（%）	X5	张雪花、张宏伟[96]	正向
	城镇人均可支配收入（元）	X6	程钰等[93]	正向
	全社会固定资产投资额（亿元）	X7	张吉献、杨铭[95]；张纯记[94]	正向
	人均社会消费品零售额（元）	X8	程钰等[93]；张吉献、杨铭[95]	正向

3.2.2 经济发展水平测度结果与分析

3.2.2.1 经济发展水平指标权重结果分析

经济发展水平的测算同样使用熵值法对指标进行客观赋权，然后利用线性加权叠加法计算各评价单元经济发展综合指数值（见表3-7）。

表 3-7 经济发展水平指标权重

年份	人均生产总值	地区生产总值	人均地方财政收入	第二产业产值比重	第三产业产值比重	城镇人均可支配收入	全社会固定资产投资额	人均社会消费品零售额
2011	0.119	0.147	0.167	0.084	0.071	0.100	0.135	0.176
2012	0.124	0.158	0.163	0.060	0.081	0.103	0.129	0.183
2013	0.123	0.161	0.165	0.059	0.076	0.104	0.133	0.178
2014	0.116	0.133	0.146	0.049	0.129	0.100	0.160	0.168
2015	0.119	0.133	0.143	0.044	0.134	0.101	0.159	0.168
2016	0.126	0.140	0.149	0.044	0.143	0.105	0.118	0.175
2017	0.121	0.124	0.167	0.110	0.121	0.097	0.107	0.154
2018	0.127	0.112	0.198	0.117	0.117	0.089	0.099	0.142
2019	0.136	0.116	0.227	0.097	0.093	0.095	0.104	0.133
2020	0.139	0.119	0.196	0.114	0.084	0.107	0.108	0.131

分析表3-7可知，影响内蒙古经济发展水平的各指标权重相差不大，权重均处于20%以下，其中，人均生产总值、人均地方财政收入权重总体呈现上升趋势，权重分别由2011年的11.9%、16.7%上升为2020年的13.9%、19.6%，增长幅度分别为16.8%、17.4%；地区生产总值、全社会固定资产投资额、人均社会消费品零售额总体权重呈现下降趋势，权重分别由2011年的14.7%、13.5%、17.6%下降为2020年的11.9%、10.8%、13.1%，下降幅度分别为16.8%、19.9%、17.4%；第二产业产值比重权重变化为先减后增的"U"形趋势，权重最低为2015—2016年的4.4%，第三产业产值比重变化为先增后减的倒"U"形趋势，权重最高为2016年的14.3%，城镇人均可支配收入的权重没有明显的趋势变化。根据2020年的指标权重可以得出，人均地方财政收入提高可以有效提高区域的经济发展水平。

3.2.2.2 经济发展水平测度结果与分析

2011—2020年内蒙古自治区12个地级行政区的经济发展水平综合值及排名如表3-8所示。

表 3-8　经济发展水平综合值及排名

地区	2011综合值	排名	2012综合值	排名	2013综合值	排名	2014综合值	排名	2015综合值	排名
呼和浩特市	0.604	3	0.638	3	0.628	4	0.684	3	0.701	3
包头市	0.748	2	0.750	2	0.748	3	0.745	2	0.746	2
呼伦贝尔市	0.237	7	0.247	7	0.247	8	0.246	7	0.248	7
兴安盟	0.037	12	0.046	12	0.044	12	0.047	12	0.048	12
通辽市	0.234	8	0.235	8	0.241	9	0.230	8	0.228	8
赤峰市	0.209	9	0.209	9	0.216	10	0.209	9	0.208	9
锡林郭勒盟	0.274	6	0.282	6	0.285	7	0.264	6	0.268	6
乌兰察布市	0.125	11	0.127	11	0.129	12	0.127	10	0.125	10
鄂尔多斯市	0.846	1	0.854	1	0.858	1	0.827	1	0.825	1
巴彦淖尔市	0.157	10	0.142	10	0.142	11	0.126	11	0.121	11
乌海市	0.353	5	0.357	5	0.364	6	0.365	5	0.365	4
阿拉善盟	0.469	4	0.458	4	0.462	5	0.372	4	0.338	5
	0.358（平均值）		0.362（平均值）		0.364（平均值）		0.353（平均值）		0.352（平均值）	
地区	2016综合值	排名	2017综合值	排名	2018综合值	排名	2019综合值	排名	2020综合值	排名
呼和浩特市	0.716	3	0.651	3	0.623	2	0.614	2	0.595	3
包头市	0.740	2	0.668	2	0.608	3	0.605	3	0.636	2
呼伦贝尔市	0.248	7	0.227	7	0.206	7	0.170	8	0.169	8
兴安盟	0.057	12	0.042	12	0.035	12	0.044	12	0.051	12
通辽市	0.226	8	0.195	9	0.171	9	0.157	9	0.156	9
赤峰市	0.201	9	0.198	8	0.190	8	0.204	7	0.206	7
锡林郭勒盟	0.290	6	0.307	6	0.294	6	0.298	6	0.301	6
乌兰察布市	0.124	11	0.129	11	0.129	11	0.126	11	0.148	10
鄂尔多斯市	0.815	1	0.826	1	0.806	1	0.862	1	0.851	1
巴彦淖尔市	0.126	10	0.141	10	0.132	10	0.146	10	0.145	11
乌海市	0.372	4	0.364	5	0.345	5	0.373	5	0.406	4
阿拉善盟	0.366	5	0.397	4	0.395	4	0.413	4	0.405	5
	0.357（平均值）		0.345（平均值）		0.328（平均值）		0.334（平均值）		0.339（平均值）	

　　从表3-8结果可以看出，内蒙古各地级行政区经济发展的平均水平整体呈现先升后降的倒"U"形趋势，这表明近年来内蒙古的经济发展有待完善。2011—2020年各地级行政区的排名一直在不断浮动，但总体变化不大。排在前5名的分别是鄂

尔多斯市、呼和浩特市、包头市、乌海市、阿拉善盟，排在后5名的分别是通辽市、赤峰市、乌兰察布市、巴彦淖尔市、兴安盟。其中鄂尔多斯市和兴安盟排名始终没有变化，分别是第1和第12，说明鄂尔多斯市经济发展程度好，兴安盟的经济发展则需要进行调整。

表 3-9 2020年经济发展水平指标层综合值及排名

地区	人均生产总值	地区生产总值	人均地方财政收入	第二产业产值比重	第三产业产值比重	城镇人均可支配收入	全社会固定资产投资额	人均社会消费品零售额
呼和浩特市	0.108	0.092	0.038	0.014	0.084	0.101	0.061	0.098
包头市	0.071	0.091	0.028	0.049	0.054	0.107	0.104	0.131
呼伦贝尔市	0.015	0.032	0.009	0.010	0.034	0.025	0.029	0.014
兴安盟	0.000	0.009	0.009	0.000	0.018	0.000	0.013	0.002
通辽市	0.006	0.036	0.000	0.014	0.034	0.017	0.049	0.000
赤峰市	0.006	0.054	0.003	0.020	0.039	0.017	0.049	0.026
锡林郭勒盟	0.042	0.020	0.058	0.052	0.018	0.054	0.020	0.037
乌兰察布市	0.010	0.019	0.007	0.046	0.022	0.010	0.019	0.014
鄂尔多斯市	0.139	0.119	0.196	0.092	0.013	0.104	0.108	0.079
巴彦淖尔市	0.020	0.021	0.011	0.015	0.029	0.011	0.021	0.018

由表3-9可知，2020年，鄂尔多斯市经济发展水平排第一，人均地方财政收入值为0.196，远高于其他地级行政区，说明人均地方财政收入高是鄂尔多斯市经济发展好的主要原因，此外，鄂尔多斯市的人均生产总值和地区生产总值也高于其他地区，这些因素也在促进鄂尔多斯市的经济发展。兴安盟在自治区经济发展中处于倒数水平，主要原因是其人均生产总值、人均地方财政收入和城镇人均可支配收入均处于自治区的最低水平。

通过2011—2020年内蒙古经济发展水平标准差和变异系数变化趋势探究自治区经济发展水平的区域差异特征。通过图3-2可以看出，标准差值存在微弱下降趋势，标准差值由2011年的0.245下降为2020年的0.235，下降幅度为4.0%，说明内蒙古各地级行政区经济发展水平的绝对差异缩小。变异系数则呈现微弱上升趋势，标准差值由2011年的0.685上升为2020年的0.693，上升幅度为1.2%，说明内蒙古各地级行政区经济发展水平的相对差异存在扩大趋势。但总的来说，2011—2020年内蒙古经济发展水平整体变动不大。

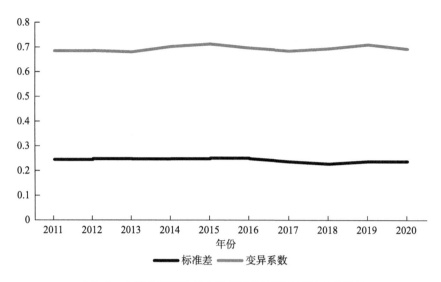

图 3-2　内蒙古经济发展水平标准差和变异系数变化趋势

3.3　本章小结

本章通过对内蒙古自治区综合交通运输业和经济发展现状进行分析。整体上分为以下两部分。第一，测算内蒙古自治区综合交通运输业发展水平。通过使用熵值法对指标进行客观赋权，以及利用线性加权叠加法计算各地级行政区综合交通运输业发展综合指数值，接着使用变异系数衡量内蒙古自治区综合交通运输业发展水平的差异特征变化程度。通过结果对内蒙古综合交通运输业发展水平的2011—2020年权重变化、综合值排名以及2020年交通运输业发展水平具体指标值进行分析。第二，测算内蒙古自治区经济发展水平。具体测算过程同上。

4 内蒙古综合交通运输业发展和经济发展的关系研究

第3章对内蒙古自治区综合交通运输业发展和经济发展现状进行了测算分析，但是无法得知两个系统之间存在的相互作用关系。综合交通运输发展和经济发展的两个系统的影响因素复杂且存在不确定性和模糊性，均属于复杂的灰色系统。因此，本章使用灰色关联度分析法，分别研究综合交通运输业系统和经济发展交通系统内各因素对彼此的影响关系强弱，从而得出影响经济发展的关键的综合交通运输发展因素和影响综合交通运输发展的关键的经济发展因素。接着通过测度综合交通运输发展和经济发展的脱钩状态，探究时间因素对两者关系的影响以及两者的发展趋势。

4.1　灰色关联度分析方法介绍

灰色关联度分析是一种以灰色系统理论为基础的统计方法[3]，常用于多因素分析，是灰色系统分析、评价和决策的基础[98]。通过各因素之间的异同得到其强弱关系，并根据强弱关系进行排序，从而有助于把握主要影响因素。灰色关联度分析将定性与定量相结合，具有计算量小、对典型分布规律没有严格要求等优点。本章使用灰色关联度分析对内蒙古综合交通运输发展和经济发展之间的关联度进行分析，测算两个发展水平各指标间的关联度，通过各因素贡献度的大小厘清主要因素和次要因素。

灰色关联度模型构建过程如下：

第一步：确定参考序列和比较序列。将其中一个系统的各个指标作为参考序列，$Y_i = \{Y_i(k)\}$（$i = 1, 2, 3\cdots$；$k = 1, 2, 3\cdots$）表示i指标在k时刻的序列值，另外一个系统内的各个指标作为比较序列，$X_j = \{X_j(k)\}$（$j = 1, 2, 3\cdots$；$k = 1, 2, 3\cdots$）表示j指标在k时刻的序列值。

第二步：对原始数据序列进行无量纲化处理。本章两个研究系统分别是综合交通运输发展水平和经济发展水平，由于两个系统评价指标的单位和度量方式不同，所以使用极值法[99]对参考序列和比较序列进行无量纲化处理，无量纲化处理后的序

列分别为 $Y'_i = \left\{ Y_i(k)' \right\}$ 和 $X'_j = \left\{ X_j(k)' \right\}$，具体为：

$$Y_i(k)' = \frac{Y_i(k)}{\max Y_i(k)} \tag{4-1}$$

$$X_j(k)' = \frac{X_j(k)}{\max X_j(k)} \tag{4-2}$$

第三步：求解绝对差序列。计算各个参考序列和比较序列的绝对差值，构成绝对差序列 $\Delta_{ij}(k)$，具体公式为：

$$\Delta_{ij}(k) = \left| Y_i(k)' - X_j(k)' \right| \tag{4-3}$$

第四步：求解两级差。从绝对差序列 $\Delta_{ij}(k)$ 中找出每个序列的最大和最小值，然后从极差中找出最大和最小值，即 $\mathrm{MAX} = \max\limits_i \max\limits_j \Delta_{ij}(k)$，$\max\limits_j \Delta_{ij}(k)$ 表示在 X_j 曲线上，各点与 Y_i 曲线上各对应点之间距离的最大值，同样，$\mathrm{MIN} = \min\limits_i \min\limits_j \Delta_{ij}(k)$。

第五步：计算灰色关联度系数。

$$Z\left(Y_i(k),\ X_j(k) \right) = \frac{\mathrm{MIN} + \rho \mathrm{MAX}}{\Delta_{ij}(k) + \rho \mathrm{MAX}} \tag{4-4}$$

其中，$Z\left(Y_i(k),\ X_j(k) \right)$ 为参考序列与各个比较序列在 k 时刻的灰色关联系数，ρ 是分辨系数，一般 $\rho = 0.5$[100]。

第六步：计算灰色关联度。通过求解各比较序列与参考序列对应的灰色关联系数均值得到灰色关联度，用来反映各比较序列与参考序列间的关联关系。

$$Z\left(Y_i,\ X_j \right) = \frac{1}{m} \sum_{k=1}^{m} Z\left(Y_i(k),\ X_j(k) \right) \tag{4-5}$$

第七步：根据式（4-1）～式（4-5）计算得到的灰色关联度序列，构成灰色关联度矩阵。

通过灰色关联度矩阵，比较各比较序列对参考序列影响程度的强弱关系，找出最优的影响因素。

4.2 脱钩效应分析方法介绍

4.2.1 脱钩效应相关理论

"脱钩"最早应用于物理领域，常被用来说明具有相关关系的两个或者多个物理量之间联系不再存在[5]。后经常被用于分析经济发展与环境压力、资源能源消费之间的关系，在研究中，Tapio 脱钩模型使用次数最为频繁。Tapio 首次将弹性引进脱钩理论，对脱钩指标体系的细化做出了关键一步，因此在学术界得到了广泛应用，该模型可以通过引入一个或者多个中间变量，分解研究期间的脱钩指标。具体方程式如下：

$$D_e = \frac{(EP_{t+1} - EP_t)/EP_t}{(DP_{t+1} - DP_t)/DP_t} = \frac{\Delta EP/EP_t}{\Delta DP/DP_t} \tag{4-6}$$

其中，D_e 是脱钩指数；EP_{t+1}，EP_t 分别为第 $t+1$ 期，第 t 期环境压力；DP_{t+1}，DP_t 分别为第 $t+1$ 期，第 t 期经济驱动力。

Tapio 在研究过程中，细化和完善了脱钩指标体系，依据弹性指数值的大小，将脱钩状态细分为 8 种类型，分别为强脱钩、弱脱钩、强负脱钩、弱负脱钩、扩张负脱钩、增长联结、衰退脱钩和衰退联结[101]，具体见表 4-1。

表 4-1 Tapio 等级与弹性值比照

状态1	状态2	Δx_i	Δy_i	弹性 t	含义
脱钩	强脱钩	<0	>0	<0	经济驱动力增长，且环境压力降低
	弱脱钩	>0	>0	0<t<0.8	经济驱动力增长速度高于环境压力增长速度
	衰退脱钩	<0	<0	>1.2	经济驱动力降低速度远低于环境压力下降速度
负脱钩	强负脱钩	>0	<0	<0	经济驱动力降低，环境压力增长
	弱负脱钩	<0	<0	0<t<0.8	经济驱动力降低速度高于环境压力下降速度
	扩张负脱钩	>0	>0	>1.2	经济驱动力增长速度远低于环境压力增长速度
联结	增长联结	>0	>0	0.8<t<1.2	经济驱动力增长速度与环境压力增长速度相似
	衰退联结	<0	<0	0.8<t<1.2	经济驱动力降低速度与环境压力下降速度相似

4.2.2 脱钩效应模型的建立

本研究选择用 Tapio 脱钩模型来进一步分析内蒙古 12 个地级行政区综合交通运输业发展与经济发展随着时间变化之间的相关关系。用第 3 章综合交通运输业发展水平综合值得分表示环境压力，经济发展水平综合值得分便是经济驱动力，构建的脱钩模型如下：

$$t = \frac{(TS_{t+1} - TS_t)/TS_t}{(ED_{t+1} - ED_t)/ED_t} = \frac{\Delta TS/TS_t}{\Delta ED/ED_t} \tag{4-7}$$

其中，t 是脱钩指数，TS_{t+1}，TS_t 分别为第 $t+1$ 期，第 t 期综合交通运输业发展水平综合值得分；ED_{t+1}，ED_t 分别为第 $t+1$ 期，第 t 期经济发展水平综合值得分。

4.3　综合交通运输业发展与经济发展的灰色关联度分析

鉴于篇幅，本章无法把内蒙古12个地级行政区综合交通运输业发展与经济发展两个系统各指标之间的关系用灰色关联分析法全部列举出来。因此，本章选择综合交通运输业发展水平最好的呼和浩特市和发展水平最差的乌海市，经济发展水平最好的鄂尔多斯市和发展水平最差的兴安盟以及内蒙古综合交通运输业发展与经济发展的平均水平灰色关联度分析结果。其余地级行政区的灰色关联度分析结果见附录。

4.3.1　呼和浩特市综合交通运输业发展与经济发展的灰色关联度分析

4.3.1.1　呼和浩特市综合交通运输业发展对经济发展的影响因素比较优势分析

首先将呼和浩特市综合交通运输业发展水平的评价指标Y11～Y43作为比较序列，经济发展水平的各评价指标X1～X8作为参考序列，通过灰色关联度分析法计算并构建呼和浩特市两发展水平各指标间的灰色关联度矩阵，结果见表4-2。

表4-2　呼和浩特市综合交通运输业发展各要素对经济发展的关联度矩阵

经济指标	交通指标												
	Y11	Y12	Y13	Y21	Y22	Y23	Y31	Y32	Y33	Y34	Y41	Y42	Y43
X1	0.899	0.925	0.871	0.609	0.747	0.646	0.920	0.889	0.820	0.804	0.842	0.841	0.781
X2	0.927	0.922	0.892	0.608	0.750	0.665	0.905	0.870	0.829	0.829	0.841	0.826	0.781
X3	0.898	0.898	0.855	0.602	0.742	0.646	0.906	0.856	0.831	0.809	0.828	0.822	0.787
X4	0.659	0.656	0.659	0.659	0.678	0.701	0.653	0.651	0.686	0.688	0.667	0.649	0.663
X5	0.665	0.662	0.665	0.665	0.684	0.706	0.659	0.657	0.691	0.694	0.673	0.655	0.668
X6	0.892	0.856	0.908	0.601	0.772	0.742	0.817	0.770	0.846	0.815	0.845	0.769	0.803
X7	0.939	0.884	0.909	0.620	0.783	0.734	0.848	0.803	0.864	0.863	0.858	0.789	0.808
X8	0.878	0.855	0.836	0.604	0.820	0.669	0.850	0.845	0.858	0.835	0.867	0.807	0.757
对经济发展的影响	6.757	6.658	6.595	4.968	5.976	5.509	6.558	6.341	6.425	6.337	6.421	6.158	6.048
比较优势度排序	1	2	3	13	11	12	4	7	5	8	6	9	10

通过表4-2可以看出，两系统各因素之间的关联度全部超过0.6，表明呼和浩特市综合交通运输业发展水平系统和经济发展水平系统之间存在相互作用关系。呼和浩特市综合交通运输业发展水平各要素对经济发展水平的影响程度排序为：人均

城市道路面积（6.757）、每万人拥有公路里程数（6.658）、每万人拥有公共汽车辆（6.595）、科技信息与文献机构数（6.558）、科技信息与文献机构科技经费筹集总额（6.425）、交通事故发生数（6.421）、科技信息与文献机构从业人员数（6.341）、科技信息与文献机构科技经费内部支出总额（6.337）、交通事故死亡人数（6.158）、交通事故直接经济损失（6.048）、公路货物周转量（5.976）、邮政业务总量（5.509）、公路旅客周转量（4.968）。

具体来说，影响呼和浩特市经济发展水平的综合交通运输业发展水平因素，基础设施的三个指标的比较优势度相对于其他三个结构层更大，其中，人均城市道路面积的比较优势度最大，原因是人均城市道路面积可以用来衡量城市的交通拥挤程度，城市拥挤度加强一部分原因是城市经济发展好[102]。另外，科技发展的四个指标的比较优势度也相对较强，说明科技的投入对经济的促进作用也较强，科技发展中科技信息与文献机构数的比较优势度最大。运输服务的指标比较优势度排名在最后。总之，对于呼和浩特市，加强基础设施的发展最为有效。

4.3.1.2 呼和浩特市经济发展对综合交通运输业发展的影响因素比较优势分析

同理，将呼和浩特市经济发展水平的评价指标X1～X8作为比较序列，综合交通运输业发展水平的各评价指标Y11～Y43作为参考序列，通过灰色关联度分析法计算并构建呼和浩特市两发展水平各指标间的灰色关联度矩阵，结果见表4-3。

表4-3　呼和浩特市经济发展各要素对综合交通运输业发展的关联度矩阵

交通指标	经济指标							
	X1	X2	X3	X4	X5	X6	X7	X8
Y11	0.956	0.968	0.952	0.608	0.606	0.951	0.971	0.942
Y12	0.969	0.967	0.952	0.604	0.602	0.935	0.944	0.932
Y13	0.940	0.949	0.927	0.604	0.602	0.958	0.954	0.917
Y21	0.819	0.813	0.808	0.649	0.648	0.804	0.804	0.808
Y22	0.872	0.868	0.862	0.615	0.613	0.876	0.876	0.908
Y23	0.802	0.811	0.798	0.646	0.644	0.860	0.846	0.811
Y31	0.968	0.959	0.956	0.604	0.602	0.915	0.925	0.930
Y32	0.955	0.944	0.935	0.608	0.607	0.893	0.903	0.929
Y33	0.909	0.912	0.909	0.623	0.621	0.920	0.926	0.928
Y34	0.900	0.911	0.898	0.624	0.622	0.907	0.927	0.916
Y41	0.924	0.920	0.911	0.605	0.603	0.922	0.922	0.933
Y42	0.929	0.919	0.913	0.606	0.604	0.887	0.891	0.905
Y43	0.894	0.892	0.893	0.616	0.615	0.904	0.899	0.877

交通指标	经济指标							
	X1	X2	X3	X4	X5	X6	X7	X8
对综合交通运输业发展的影响	11.837	11.833	11.714	8.012	7.989	11.732	11.788	11.736
比较优势度排序	1	2	6	7	8	5	3	4

通过上表可以看出，呼和浩特经济发展水平各要素对综合交通运输业发展水平的影响程度排序为：人均生产总值（11.837）、地区生产总值（11.833）、全社会固定资产投资额（11.788）、人均社会消费品零售额（11.736）、城镇人均可支配收入（11.732）、人均地方财政收入（11.714）、第二产业产值比重（8.012）、第三产业产值比重（7.989）。具体来说，影响呼和浩特综合交通运输业发展水平的经济发展因素，首先是人均生产总值的比较优势度最大，表明人均生产总值对综合交通运输业发展的促进作用最强；其次是地区生产总值，说明生产总值同样会促进区域交通运输业发展。

4.3.2　乌海市综合交通运输业发展与经济发展的灰色关联度分析

4.3.2.1　乌海市综合交通运输业发展对经济发展的影响因素比较优势分析

首先将乌海市综合交通运输业发展水平的评价指标 Y11～Y43 作为比较序列，经济发展水平的各评价指标 X1～X8 作为参考序列，通过灰色关联度分析法计算并构建乌海市两发展水平各指标间的灰色关联度矩阵，结果见表4-4。

表 4-4　乌海市综合交通运输业发展各要素对经济发展的关联度矩阵

经济指标	交通指标												
	Y11	Y12	Y13	Y21	Y22	Y23	Y31	Y32	Y33	Y34	Y41	Y42	Y43
X1	0.732	0.880	0.858	0.629	0.803	0.682	0.769	0.762	0.659	0.664	0.651	0.830	0.583
X2	0.732	0.880	0.846	0.620	0.800	0.680	0.754	0.746	0.647	0.653	0.642	0.818	0.580
X3	0.686	0.725	0.763	0.634	0.753	0.609	0.774	0.742	0.720	0.725	0.593	0.698	0.547
X4	0.719	0.707	0.702	0.698	0.725	0.726	0.698	0.696	0.709	0.708	0.729	0.713	0.709
X5	0.718	0.706	0.701	0.697	0.724	0.725	0.697	0.695	0.707	0.706	0.729	0.712	0.709
X6	0.873	0.900	0.751	0.641	0.793	0.828	0.677	0.654	0.591	0.592	0.735	0.845	0.632
X7	0.520	0.580	0.718	0.654	0.624	0.487	0.766	0.756	0.697	0.676	0.537	0.612	0.543
X8	0.864	0.879	0.790	0.629	0.874	0.776	0.743	0.683	0.643	0.648	0.669	0.854	0.589
对经济发展的影响	5.844	6.257	6.129	5.202	6.096	5.513	5.878	5.734	5.373	5.372	5.285	6.082	4.892

经济指标	交通指标												
	Y11	Y12	Y13	Y21	Y22	Y23	Y31	Y32	Y33	Y34	Y41	Y42	Y43
比较优势度排序	6	1	2	12	3	8	5	7	9	10	11	4	13

通过表4-4可以看出，两系统各因素之间的关联度均超过0.5，表明乌海市综合交通运输业发展水平系统和经济发展水平系统之间存在相互作用关系。乌海市综合交通运输业发展水平各要素对经济发展水平的影响程度排序为：每万人拥有公路里程数（6.257）、每万人拥有公共汽车辆（6.129）、公路货物周转量（6.096）、交通事故死亡人数（6.082）、科技信息与文献机构数（5.878）、人均城市道路面积（5.844）、科技信息与文献机构从业人员数（5.734）、邮政业务总量（5.513）、科技信息与文献机构科技经费筹集总额（5.373）、科技信息与文献机构科技经费内部支出总额（5.372）、交通事故发生数（5.285）、公路旅客周转量（5.202）、交通事故直接经济损失（4.892）。

具体来说，影响乌海市经济发展水平的综合交通运输业发展水平因素，基础设施中每万人拥有公路里程数的比较优势度最大，而对呼和浩特市优势度最高的人均城市道路面积指标对乌海市综合交通运输业发展的比较优势度处于中等水平；运输服务中公路货物周转量的比较优势度最强，表明公路货物周转依旧是当前经济发展的动力之一；科技发展中科技信息与文献机构数的比较优势度最大，说明科技机构的建设有助于区域经济的发展；绿色安全中交通事故死亡人数的比较优势度最大且该指标在总的指标优势度中排第四，说明随着乌海市经济发展，道路里程和驾驶人数量都会明显提升，道路交通安全问题也会突出[102]。

4.3.2.2　乌海市经济发展对综合交通运输业发展的影响因素比较优势分析

同理，将乌海市经济发展水平的评价指标X1～X8作为比较序列，综合交通运输业发展水平的各评价指标Y11～Y43作为参考序列，通过灰色关联度分析法计算并构建乌海市两发展水平各指标间的灰色关联度矩阵，结果见表4-5。

通过表4-5可以看出，乌海市经济发展水平各要素对综合交通运输业发展水平的影响程度排序为：人均生产总值（11.537）、地区生产总值（11.537）、人均社会消费品零售额（11.509）、城镇人均可支配收入（11.473）、人均地方财政收入（11.136）、全社会固定资产投资额（10.909）、第二产业产值比重（8.263）、第三产业产值比重（8.239）。具体来说，影响乌海市综合交通运输业发展水平的经济发展因素，首先是人均生产总值的比较优势度最大，其次是地区生产总值，这与呼和浩特市情况相同。

表 4-5　乌海市经济发展各要素对综合交通运输业发展的关联度矩阵

交通指标	经济指标							
	X1	X2	X3	X4	X5	X6	X7	X8
Y11	0.886	0.890	0.849	0.626	0.624	0.951	0.774	0.945
Y12	0.949	0.954	0.872	0.617	0.615	0.960	0.813	0.950
Y13	0.953	0.952	0.906	0.624	0.622	0.899	0.895	0.919
Y21	0.830	0.828	0.819	0.633	0.631	0.816	0.849	0.811
Y22	0.909	0.912	0.875	0.623	0.621	0.902	0.823	0.942
Y23	0.871	0.874	0.814	0.643	0.641	0.944	0.761	0.913
Y31	0.912	0.909	0.908	0.632	0.630	0.860	0.913	0.890
Y32	0.897	0.893	0.882	0.622	0.621	0.837	0.905	0.850
Y33	0.867	0.864	0.889	0.657	0.654	0.821	0.891	0.848
Y34	0.872	0.870	0.893	0.659	0.656	0.826	0.887	0.854
Y41	0.850	0.850	0.802	0.660	0.660	0.893	0.784	0.852
Y42	0.926	0.926	0.850	0.617	0.615	0.933	0.822	0.934
Y43	0.815	0.815	0.777	0.650	0.649	0.831	0.792	0.801
对综合交通运输业发展的影响	11.537	11.537	11.136	8.263	8.239	11.473	10.909	11.509
比较优势度排序	1	2	5	7	8	4	6	3

4.3.3　鄂尔多斯市综合交通运输业发展与经济发展的灰色关联度分析

4.3.3.1　鄂尔多斯市综合交通运输业发展对经济发展的影响因素比较优势分析

首先将鄂尔多斯市综合交通运输业发展水平的评价指标Y11～Y43作为比较序列，经济发展水平的各评价指标X1～X8作为参考序列，通过灰色关联度分析法计算并构建鄂尔多斯市两发展水平各指标间的灰色关联度矩阵，结果见表4-6。

表 4-6　鄂尔多斯市综合交通运输业发展各要素对经济发展的关联度矩阵

经济指标	交通指标												
	Y11	Y12	Y13	Y21	Y22	Y23	Y31	Y32	Y33	Y34	Y41	Y42	Y43
X1	0.799	0.771	0.677	0.593	0.527	0.531	0.848	0.813	0.690	0.659	0.849	0.863	0.669
X2	0.824	0.798	0.697	0.589	0.535	0.547	0.846	0.801	0.714	0.680	0.868	0.879	0.685
X3	0.848	0.857	0.758	0.596	0.590	0.587	0.802	0.807	0.786	0.742	0.860	0.842	0.757
X4	0.714	0.714	0.716	0.703	0.708	0.746	0.711	0.697	0.722	0.726	0.707	0.705	0.717
X5	0.715	0.716	0.717	0.704	0.709	0.747	0.712	0.699	0.723	0.727	0.708	0.706	0.718
X6	0.812	0.902	0.817	0.557	0.644	0.708	0.758	0.689	0.895	0.883	0.793	0.758	0.838
X7	0.854	0.916	0.781	0.560	0.568	0.629	0.814	0.733	0.830	0.795	0.834	0.809	0.779
X8	0.869	0.843	0.747	0.562	0.525	0.639	0.841	0.753	0.789	0.771	0.831	0.810	0.722
对经济发展的影响	6.435	6.517	5.910	4.864	4.806	5.134	6.332	5.992	6.149	5.983	6.450	6.372	5.885
比较优势度排序	3	1	9	12	13	11	5	7	6	8	2	4	10

通过表4-6可以看出，两系统各因素之间的关联度全部超过0.5，表明鄂尔多斯市综合交通运输业发展水平系统和经济发展水平系统之间存在相互作用关系。鄂尔多斯市综合交通运输业发展水平各要素对经济发展水平的影响程度排序为：每万人拥有公路里程数（6.517）、交通事故发生数（6.450）、人均城市道路面积（6.435）、交通事故死亡人数（6.372）、科技信息与文献机构数（6.332）、科技信息与文献机构科技经费筹集总额（6.149）、科技信息与文献机构从业人员数（5.992）、科技信息与文献机构科技经费内部支出总额（5.983）、每万人拥有公共汽车辆（5.910）、交通事故直接经济损失（5.885）、邮政业务总量（5.134）、公路旅客周转量（4.864）、公路货物周转量（4.806）。

具体来说，影响鄂尔多斯市经济发展水平的综合交通运输业发展因素，基础设施中每万人拥有公路里程数的比较优势度最大，说明公路里程的建设对鄂尔多斯市经济发展的影响高于城市道路的建设和公共汽车的保有量。运输服务中邮政业务总量的比较优势度最强，而且运输服务的三个指标的比较优势度相对于其他三个结构层最小；科技发展中科技信息与文献机构数的比较优势度最大，说明科技机构的建设有助于区域经济的发展；绿色安全中交通事故死亡人数的比较优势度最大且该指标在总的指标优势度中排第二，这与乌海市情况相同。

4.3.3.2　鄂尔多斯市经济发展对综合交通运输业发展的影响因素比较优势分析

同理，将鄂尔多斯市经济发展水平的评价指标X1～X8作为比较序列，综合交通运输业发展水平的各评价指标Y11～Y43作为参考序列，通过灰色关联度分析法计算并构建鄂尔多斯市两发展水平各指标间的灰色关联度矩阵，结果见表4-7。

表 4-7　鄂尔多斯市经济发展各要素对综合交通运输业发展的关联度矩阵

交通指标	经济指标							
	X1	X2	X3	X4	X5	X6	X7	X8
Y11	0.939	0.946	0.951	0.608	0.605	0.933	0.953	0.957
Y12	0.928	0.935	0.954	0.605	0.602	0.968	0.975	0.947
Y13	0.889	0.895	0.913	0.612	0.610	0.932	0.923	0.908
Y21	0.871	0.866	0.862	0.632	0.630	0.827	0.846	0.839
Y22	0.815	0.816	0.836	0.617	0.615	0.850	0.829	0.798
Y23	0.802	0.808	0.825	0.625	0.622	0.881	0.848	0.842
Y31	0.956	0.953	0.934	0.609	0.606	0.910	0.939	0.946
Y32	0.945	0.939	0.936	0.606	0.604	0.883	0.912	0.911
Y33	0.894	0.901	0.923	0.616	0.613	0.964	0.943	0.924
Y34	0.877	0.884	0.906	0.610	0.607	0.961	0.928	0.914
Y41	0.957	0.961	0.957	0.605	0.602	0.927	0.950	0.943
Y42	0.961	0.963	0.951	0.605	0.602	0.913	0.941	0.934
Y43	0.888	0.892	0.917	0.615	0.613	0.943	0.926	0.900
对综合交通运输业发展的影响	11.722	11.759	11.865	7.965	7.931	11.892	11.913	11.763
比较优势度排序	6	5	3	7	8	2	1	4

通过表4-7可以看出，鄂尔多斯市经济发展水平各要素对综合交通运输业发展水平的影响程度排序为：全社会固定资产投资额（11.913）、城镇人均可支配收入（11.892）、人均地方财政收入（11.865）、人均社会消费品零售额（11.763）、地区生产总值（11.759）、人均生产总值（11.722）、第二产业产值比重（7.965）、第三产业产值比重（7.931）。具体来说，影响鄂尔多斯市综合交通运输业发展水平的经济发展因素，首先是全社会固定资产投资额的比较优势度最大，表明加强固定资产投资对综合交通运输业发展的促进作用最强；其次是城镇人均可支配收入，说明人民收入水平提高可以很好地推动综合交通运输业的发展。

4.3.4　兴安盟综合交通运输业发展与经济发展的灰色关联度分析

4.3.4.1　兴安盟综合交通运输业发展对经济发展的影响因素比较优势分析

首先将兴安盟综合交通运输业发展水平的评价指标Y11～Y43作为比较序列，

经济发展水平的各评价指标X1～X8作为参考序列，通过灰色关联度分析法计算并构建兴安盟两发展水平各指标间的灰色关联度矩阵，结果见表4-8。

表4-8　兴安盟综合交通运输业发展各要素对经济发展的关联度矩阵

经济指标	交通指标												
	Y11	Y12	Y13	Y21	Y22	Y23	Y31	Y32	Y33	Y34	Y41	Y42	Y43
X1	0.826	0.923	0.635	0.692	0.711	0.653	0.779	0.785	0.752	0.751	0.602	0.830	0.725
X2	0.810	0.909	0.625	0.697	0.728	0.643	0.791	0.793	0.754	0.757	0.606	0.836	0.731
X3	0.848	0.804	0.794	0.636	0.651	0.861	0.679	0.731	0.723	0.728	0.597	0.740	0.738
X4	0.745	0.729	0.750	0.717	0.757	0.757	0.722	0.725	0.740	0.732	0.707	0.720	0.739
X5	0.741	0.725	0.745	0.714	0.754	0.752	0.719	0.722	0.736	0.728	0.705	0.717	0.736
X6	0.874	0.940	0.717	0.646	0.689	0.712	0.733	0.774	0.758	0.785	0.608	0.803	0.789
X7	0.749	0.868	0.606	0.642	0.638	0.607	0.758	0.779	0.731	0.754	0.578	0.803	0.717
X8	0.806	0.803	0.610	0.678	0.793	0.630	0.771	0.774	0.768	0.751	0.612	0.782	0.707
对经济发展的影响	6.399	6.701	5.482	5.422	5.721	5.615	5.952	6.083	5.962	5.986	5.015	6.231	5.882
比较优势度排序	2	1	11	12	9	10	7	4	6	5	13	3	8

通过表4-8可以看出，两系统各因素之间的关联度全部超过0.5，表明兴安盟综合交通运输业发展水平系统和经济发展水平系统之间存在相互作用关系。兴安盟综合交通运输业发展水平各要素对经济发展水平的影响程度排序为：每万人拥有公路里程数（6.701）、人均城市道路面积（6.399）、交通事故死亡人数（6.231）、科技信息与文献机构从业人员数（6.083）、科技信息与文献机构科技经费内部支出总额（5.986）、科技信息与文献机构科技经费筹集总额（5.962）、科技信息与文献机构数（5.952）、交通事故直接经济损失（5.882）、公路货物周转量（5.721）、邮政业务总量（5.615）、每万人拥有公共汽车辆（5.482）、公路旅客周转量（5.422）、交通事故发生数（5.015）。

具体来说，影响兴安盟经济发展水平的综合交通运输业发展因素，基础设施中每万人拥有公路里程数的比较优势度最大，表明公路的建设对兴安盟经济发展的影响程度最大。运输服务中公路货物周转量的比较优势度最强，且运输服务的三个指标的比较优势度相对于其他三个结构层最小；科技发展中科技信息与文献机构从业人员数的比较优势度最大，说明培养科技从业人员体系有助于区域经济的发展；绿色安全中交通事故死亡人数的比较优势度最大。

4.3.4.2 兴安盟经济发展对综合交通运输业发展的影响因素比较优势分析

同理，将兴安盟经济发展水平的评价指标X1~X8作为比较序列，综合交通运输业发展水平的各评价指标Y11~Y43作为参考序列，通过灰色关联度分析法计算并构建兴安盟两发展水平各指标间的灰色关联度矩阵，结果见表4-9。

表4-9 兴安盟经济发展各要素对综合交通运输业发展的关联度矩阵

交通指标	经济指标							
	X1	X2	X3	X4	X5	X6	X7	X8
Y11	0.932	0.926	0.925	0.621	0.617	0.949	0.911	0.923
Y12	0.973	0.967	0.903	0.613	0.609	0.976	0.957	0.926
Y13	0.851	0.846	0.907	0.656	0.653	0.881	0.849	0.836
Y21	0.864	0.867	0.798	0.613	0.611	0.834	0.861	0.864
Y22	0.860	0.868	0.795	0.624	0.622	0.844	0.852	0.908
Y23	0.848	0.842	0.937	0.643	0.639	0.872	0.843	0.832
Y31	0.908	0.914	0.826	0.607	0.605	0.880	0.913	0.911
Y32	0.907	0.911	0.853	0.611	0.608	0.899	0.921	0.907
Y33	0.891	0.893	0.847	0.618	0.615	0.886	0.901	0.900
Y34	0.892	0.895	0.851	0.622	0.619	0.898	0.910	0.893
Y41	0.843	0.846	0.797	0.628	0.625	0.835	0.856	0.847
Y42	0.939	0.942	0.868	0.612	0.609	0.922	0.941	0.921
Y43	0.880	0.899	0.853	0.617	0.614	0.876	0.885	0.872
对综合交通运输业发展的影响	11.588	11.616	11.160	8.085	8.046	11.552	11.600	11.540
比较优势度排序	3	1	6	7	8	4	2	5

通过表4-9可以看出，兴安盟经济发展水平各要素对综合交通运输业发展水平的影响程度排序为：地区生产总值（11.616）、全社会固定资产投资额（11.600）、人均生产总值（11.588）、城镇人均可支配收入（11.552）、人均社会消费品零售额（11.540）、人均地方财政收入（11.160）、第二产业产值比重（8.085）、第三产业产值比重（8.046）。具体来说，影响兴安盟综合交通运输业发展水平的经济发展因素，地区生产总值的比较优势度最大，表明提升地区经济发展对综合交通运输业发展的促进作用最强；而第二产业产值比重和第三产业产值比重对兴安盟综合交通运输业发展的比较优势度最低，表明目前的经济结构暂时可以满足综合交通运输业发展的需要。

4.3.5 内蒙古平均综合交通运输业发展与经济发展的灰色关联度分析

4.3.5.1 内蒙古平均综合交通运输业发展对经济发展的影响因素比较优势分析

首先将内蒙古平均综合交通运输业发展水平的评价指标Y11~Y43作为比较序列，经济发展水平的各评价指标X1~X8作为参考序列，通过灰色关联度分析法计算并构建内蒙古平均两发展水平各指标间的灰色关联度矩阵，结果见表4-10。

表 4-10　内蒙古平均综合交通运输业发展各要素对经济发展的关联度矩阵

经济指标	交通指标												
	Y11	Y12	Y13	Y21	Y22	Y23	Y31	Y32	Y33	Y34	Y41	Y42	Y43
X1	0.823	0.811	0.758	0.750	0.740	0.552	0.923	0.912	0.692	0.707	0.783	0.855	0.788
X2	0.832	0.822	0.771	0.721	0.729	0.558	0.907	0.884	0.698	0.710	0.771	0.838	0.772
X3	0.811	0.779	0.743	0.699	0.667	0.523	0.828	0.82	0.693	0.682	0.731	0.779	0.722
X4	0.695	0.692	0.697	0.687	0.701	0.732	0.686	0.684	0.710	0.715	0.689	0.686	0.69
X5	0.703	0.699	0.704	0.695	0.708	0.738	0.693	0.692	0.717	0.722	0.696	0.693	0.698
X6	0.819	0.875	0.935	0.595	0.780	0.640	0.734	0.723	0.856	0.801	0.736	0.710	0.790
X7	0.878	0.899	0.843	0.665	0.747	0.597	0.826	0.815	0.785	0.766	0.785	0.794	0.804
X8	0.900	0.825	0.823	0.673	0.792	0.626	0.833	0.821	0.777	0.796	0.761	0.785	0.778
对经济发展的影响	6.461	6.402	6.274	5.485	5.863	4.966	6.430	6.351	5.928	5.899	5.952	6.140	6.042
比较优势度排序	1	3	5	12	11	13	2	4	9	10	8	6	7

通过表4-10可以看出，两系统各因素之间的关联度全部超过0.5，表明内蒙古平均综合交通运输业发展水平系统和经济发展水平系统之间存在相互作用关系。内蒙古平均综合交通运输业发展水平各要素对经济发展水平的影响程度排序为：人均城市道路面积（6.461）、科技信息与文献机构数（6.430）、每万人拥有公路里程数（6.402）、科技信息与文献机构从业人员数（6.351）、每万人拥有公共汽车辆（6.274）、交通事故死亡人数（6.140）、交通事故直接经济损失（6.042）、交通事故发生数（5.952）、科技信息与文献机构科技经费筹集总额（5.928）、科技信息与文献机构科技经费内部支出总额（5.899）、公路货物周转量（5.863）、公路旅客周转量（5.485）、邮政业务总量（4.966）。

具体来说，影响内蒙古平均经济发展水平的综合交通运输业发展因素，基础设施中人均城市道路面积的比较优势度最大，说明城市道路的建设对内蒙古平均经济发展的影响程度高于公路建设和公共汽车的保有量。运输服务中公路货物周转量的比较优势度最强，且运输服务的三个指标的比较优势度相对于其他三个结构层最小；科技发展中科技信息与文献机构数的比较优势度最大，说明区域经济的发展仍需加强科技机构的建设；绿色安全中交通事故死亡人数的比较优势度最大。

4.3.5.2　内蒙古平均经济发展对综合交通运输业发展的影响因素比较优势分析

同理，将内蒙古平均经济发展水平的评价指标X1～X8作为比较序列，综合交通运输业发展水平的各评价指标Y11～Y43作为参考序列，通过灰色关联度分析法计算并构建内蒙古平均两发展水平各指标间的灰色关联度矩阵，结果见表4-11。

表 4-11　内蒙古平均经济发展各要素对综合交通运输业发展的关联度矩阵

交通指标	经济指标							
	X1	X2	X3	X4	X5	X6	X7	X8
Y11	0.934	0.939	0.932	0.609	0.604	0.944	0.960	0.961
Y12	0.932	0.936	0.922	0.606	0.602	0.964	0.970	0.932
Y13	0.907	0.913	0.905	0.612	0.607	0.982	0.949	0.9300
Y21	0.898	0.886	0.878	0.620	0.616	0.839	0.867	0.856
Y22	0.898	0.892	0.867	0.610	0.605	0.914	0.905	0.913
Y23	0.804	0.808	0.798	0.657	0.65	0.881	0.847	0.840
Y31	0.974	0.969	0.941	0.606	0.602	0.912	0.944	0.935
Y32	0.971	0.961	0.939	0.606	0.602	0.908	0.941	0.929
Y33	0.874	0.878	0.873	0.622	0.616	0.954	0.923	0.909
Y34	0.876	0.880	0.875	0.622	0.617	0.934	0.915	0.916
Y41	0.936	0.930	0.916	0.621	0.617	0.926	0.943	0.918
Y42	0.950	0.943	0.922	0.608	0.604	0.901	0.931	0.914
Y43	0.922	0.916	0.898	0.611	0.607	0.930	0.935	0.911
对综合交通运输业发展的影响	11.876	11.851	11.666	8.010	7.949	11.988	12.030	11.864
比较优势度排序	3	5	6	7	8	2	1	4

通过表4-11可以看出，内蒙古平均经济发展水平各要素对综合交通运输业发展水平的影响程度排序为：全社会固定资产投资额（12.030）、城镇人均可支配收入（11.988）、人均生产总值（11.876）、人均社会消费品零售额（11.864）、地区生产总值（11.851）、人均地方财政收入（11.666）、第二产业产值比重（8.010）、第三产业产值比重（7.949）。具体来说，影响内蒙古平均综合交通运输业发展水平的经济发展因素，全社会固定资产投资额的比较优势度最大，表明加大全社会固定资产投资对综合交通运输业发展的促进作用最强；而第二产业产值比重和第三产业产值比重对内蒙古平均综合交通运输业发展的比较优势度同样最低。

4.4 综合交通运输业发展与经济发展的脱钩效应分析

4.4.1 呼和浩特市综合交通运输业发展与经济发展的脱钩效应分析

基于脱钩模型，求得呼和浩特市综合交通运输业发展与经济发展的脱钩关系，具体脱钩状态如表4-12。

表 4-12　呼和浩特市综合交通运输业发展与经济发展的脱钩状态

年份	综合交通运输业发展的变化	经济发展的变化	脱钩弹性指数	状态
2011—2012	>0	>0	0.361	弱脱钩
2012—2013	>0	<0	−2.475	强负脱钩
2013—2014	<0	>0	−0.691	强脱钩
2014—2015	>0	>0	2.410	扩张负脱钩
2015—2016	<0	>0	−3.136	强脱钩
2016—2017	>0	<0	−0.275	强负脱钩
2017—2018	<0	<0	0.633	弱负脱钩
2018—2019	<0	<0	3.999	衰退脱钩
2019—2020	<0	<0	0.493	弱负脱钩

分析呼和浩特市各年份的脱钩状态可以看出，2011—2012年为弱脱钩，经济增长率和综合交通运输增长率均大于0，表示经济增长，综合交通运输也在增长，但是综合交通运输增长速度低于经济增长速度；2012—2013、2016—2017年为强负脱钩，经济增长率小于0，综合交通运输增长率大于0，表示经济增长率为负，综合交通运输增长率为正；2013—2014、2015—2016年为强脱钩，经济增长率大于0，综合交通运输增长率小于0，表示在经济增长的同时，综合交通运输业发展在下降，经济发展和综合交通运输业发展之间的依赖关系减弱；2014—2015年为扩张负脱钩，经济增长率和综合交通运输增长率均大于0，表示经济增长、综合交通运输也在增加，但是交通运输增长速度远高于经济增长速度；2017—2018、2019—2020年为弱负脱钩，经济增长率和综合交通运输增长率均小于0，表示经济增长率为负，综合交通运输也在下降，但是综合交通运输下降速度小于经济衰退速度；2018—2019年为衰退脱钩，经济增长率和综合交通运输增长率均小于0，表示经济负增长，综合交通运输也在下降，同时综合交通运输下降速度远高于经济衰退速度。

呼和浩特市综合交通运输业发展在2011—2017年总体上变化为正，2017年之后变化为负；经济发展在2011—2016年总体上变化为正，在2016—2020年变化为负，说明呼和浩特市综合交通运输业发展和经济发展的趋势都是先上升后下降，经济的衰退影响综合交通运输业发展也开始停滞甚至下降。呼和浩特市在2017年之前综合交通运输业发展与经济发展的脱钩效应分析状态变化不定，但2017—2020年，脱钩状态以弱负脱钩以及衰退脱钩为主，即经济发展水平下降、综合交通运输也在下降，说明呼和浩特市经济发展和交通运输系统的关系是正向的，两者之间相辅相成，随着经济发展水平逐渐下降，综合交通运输也由最初的增长开始转为衰退。

4.4.2　乌海市综合交通运输业发展与经济发展的脱钩效应分析

基于脱钩模型，求得乌海市综合交通运输业发展与经济发展的脱钩关系，具体脱钩状态如表4-13。

表4-13　乌海市综合交通运输业发展与经济发展的脱钩状态

年份	综合交通运输业发展的变化	经济发展的变化	脱钩弹性指数	状态
2011—2012	>0	<0	−14.746	强负脱钩
2012—2013	>0	<0	−19.264	强负脱钩
2013—2014	>0	>0	77.743	扩张负脱钩
2014—2015	>0	<0	−84.506	强负脱钩
2015—2016	>0	>0	0.472	弱脱钩
2016—2017	<0	>0	−1.543	强脱钩
2017—2018	<0	>0	−1.785	强脱钩
2018—2019	>0	>0	0.449	弱脱钩
2019—2020	>0	<0	−1.073	强负脱钩

分析乌海市各年份的脱钩状态，2011—2012、2012—2013、2014—2015、2019—2020年为强负脱钩，经济增长率小于0，综合交通运输增长率大于0，即经济增长率为负，综合交通运输增长率为正；2013—2014年为扩张负脱钩，经济增长率和综合交通运输增长率均大于0，即经济增长，综合交通运输也在增加，但是交通运输增长速度远高于经济增长速度；2015—2016、2018—2019年为弱脱钩，即经济增长率和综合交通运输增长率均大于0，表示经济增长，综合交通运输也在增长，但是综合交通运输增长速度低于经济增长速度；2016—2017、2017—2018年为强脱钩，经济增长率大于0，综合交通运输增长率小于0，表示在经济增长的同时，综合交通运输业发展也在下降。

乌海市综合交通运输业发展在2011—2016、2018—2020年变化为正，在2016—2018年变化为负；经济发展在2011—2015年总体上变化为正，在2015—2019年变化为负，即乌海市综合交通运输业发展趋势为先上升后下降然后上升，经济发展趋势为先下降后上升。大致可以分成三个阶段来具体分析乌海市综合交通运输业发展和经济发展之间的关系：第一阶段为2011—2015年，脱钩状态主要以强负脱钩为主，在这个阶段，综合交通运输处于一个增长阶段，经济发展则处于下降阶段；第二阶段为2015—2018年，脱钩状态主要为强脱钩，综合交通运输业发展在这个阶段开始下降，而经济开始增长；第三阶段为2018—2020年，综合交通运输业发展与经济发展的脱钩效应分析状态不稳定。

4.4.3 鄂尔多斯市综合交通运输业发展与经济发展的脱钩效应分析

基于脱钩模型，求得鄂尔多斯市综合交通运输业发展与经济发展的脱钩关系，具体脱钩状态如表4-14。

表 4-14 鄂尔多斯市综合交通运输业发展与经济发展的脱钩状态

年份	综合交通运输业发展的变化	经济发展的变化	脱钩弹性指数	状态
2011—2012	>0	>0	3.123	扩张负脱钩
2012—2013	>0	<0	−56.081	强负脱钩
2013—2014	<0	<0	0.539	弱负脱钩
2014—2015	<0	<0	41.790	衰退脱钩
2015—2016	<0	>0	−18.060	强脱钩
2016—2017	>0	<0	−14.101	强负脱钩
2017—2018	<0	>0	−3.508	强脱钩
2018—2019	>0	>0	4.709	扩张负脱钩
2019—2020	<0	<0	2.796	衰退脱钩

分析鄂尔多斯市各年份的脱钩状态，2011—2012、2018—2019年为扩张负脱钩，经济增长率和综合交通运输增长率均大于0，表示经济增长，综合交通运输也在增长，但是交通运输增长速度远高于经济增长速度；2012—2013、2016—2017年为强负脱钩，经济增长率小于0，综合交通运输增长率大于0，表示经济增长率为负，综合交通运输增长率为正；2013—2014年为弱负脱钩，经济增长率和综合交通运输增长率均小于0，表示经济增长率为负，综合交通运输也在下降，但是综合交通运输下降速度小于经济衰退速度；2014—2015、2019—2020年为衰退脱钩，经济

增长率和综合交通运输增长率均小于0，表示经济负增长，综合交通运输也在下降，同时综合交通运输下降速度远高于经济衰退速度。2015—2016、2017—2018年为强脱钩，经济增长率大于0，综合交通运输增长率小于0，表示在经济增长的同时，综合交通运输业发展在下降，经济发展和综合交通运输业发展之间的依赖关系减弱。

鄂尔多斯市综合交通运输业发展经历了先增后减再增的变化趋势，而经济发展总体趋势为先减后增。2011—2020年乌海市综合交通运输业发展与经济发展共经历5种脱钩状态：扩张负脱钩、强负脱钩、弱负脱钩、衰退脱钩、强脱钩。总体来看，乌海市综合交通运输业发展与经济发展之间的脱钩状态不稳定。

4.4.4　兴安盟综合交通运输业发展与经济发展的脱钩效应分析

基于脱钩模型，求得兴安盟综合交通运输业发展与经济发展的脱钩关系，具体脱钩状态如表4-15。

表 4-15　兴安盟综合交通运输业发展与经济发展的脱钩状态

年份	综合交通运输业发展的变化	经济发展的变化	脱钩弹性指数	状态
2011—2012	>0	<0	−0.370	强负脱钩
2012—2013	<0	<0	1.555	衰退脱钩
2013—2014	>0	>0	0.524	弱脱钩
2014—2015	>0	<0	−4.040	强负脱钩
2015—2016	>0	>0	0.303	弱脱钩
2016—2017	<0	<0	0.053	弱负脱钩
2017—2018	<0	>0	−2.278	强脱钩
2018—2019	>0	>0	0.351	弱脱钩
2019—2020	>0	>0	0.663	弱脱钩

分析兴安盟各年份的脱钩状态，2011—2012、2014—2015年为强负脱钩，经济增长率小于0，综合交通运输增长率大于0，表示经济增长率为负，综合交通运输增长率为正；2012—2013年为衰退脱钩，经济增长率和综合交通运输增长率均小于0，表示经济负增长，综合交通运输也在下降，同时综合交通运输下降速度远高于经济衰退速度；2013—2014、2015—2016、2018—2019、2019—2020年为弱脱钩，经济增长率和综合交通运输增长率均大于0，表示经济增长，综合交通运输也在增长，但是综合交通运输增长速度低于经济增长速度；2016—2017年为弱负脱钩，经济增长率和综合交通运输增长率均小于0，表示经济增长率为负，综合交通运输也

在下降，但是综合交通运输下降速度小于经济衰退速度；2017—2018年为强脱钩，经济增长率大于0，综合交通运输增长率小于0，表示在经济增长的同时，综合交通运输业发展在下降。

兴安盟综合交通运输业发展在2011—2016、2018—2020年变化为正，在2016—2018年变化为负；经济发展在2011—2017年有正有负，但总体上变化为负，在2017—2020年变化为正，即兴安盟综合交通运输业发展趋势为先上升后下降然后上升，经济发展趋势为先下降后上升。大致可以分成两个阶段来具体分析兴安盟综合交通运输业发展和经济发展之间的关系：第一阶段为2011—2015年，综合交通运输业发展与经济发展的脱钩效应分析状态不稳定；第二阶段为2015—2020年，脱钩状态主要为弱脱钩，综合交通运输增长速度低于经济增长速度。

4.4.5 内蒙古平均综合交通运输业发展与经济发展的脱钩效应分析

基于脱钩模型，求得内蒙古平均综合交通运输业发展与经济发展的脱钩关系，具体脱钩状态如表4-16。

表4-16 内蒙古平均综合交通运输业发展与经济发展的脱钩状态

年份	综合交通运输业发展的变化	经济发展的变化	脱钩弹性指数	状态
2011—2012	>0	<0	−0.598	强负脱钩
2012—2013	>0	<0	−22.888	强负脱钩
2013—2014	<0	>0	−1.116	强脱钩
2014—2015	<0	<0	7.705	衰退脱钩
2015—2016	>0	>0	3.028	扩张负脱钩
2016—2017	<0	<0	0.879	衰退联结
2017—2018	<0	>0	−1.586	强脱钩
2018—2019	>0	>0	5.906	扩张负脱钩
2019—2020	>0	>0	0.948	增长联结

分析内蒙古平均各年份的脱钩状态，2011—2012、2012—2013年为强负脱钩，经济增长率小于0，综合交通运输增长率大于0，表示经济增长率为负，综合交通运输增长率为正；2013—2014、2017—2018年为强脱钩，经济增长率大于0，综合交通运输增长率小于0，表示在经济增长的同时，综合交通运输业发展在下降；2014—2015、2016—2017年分别为衰退脱钩和衰退联结，经济增长率和综合交通运输增长率均小于0，即经济负增长，综合交通运输也在下降，衰退脱钩经济降低速度远低

于综合交通运输下降速度，衰退联结经济降低速度与综合交通运输下降速度相似；2015—2016、2018—2019年为扩张负脱钩，经济增长率和综合交通运输增长率均大于0，表示经济增长，综合交通运输也在增长，但是交通运输增长速度远高于经济增长速度；2019—2020年为增长联结，经济增长率和综合交通运输增长率均大于0，表示经济增长，综合交通运输速度也在增长，且经济增长速度与综合交通运输增长速度相似。

内蒙古平均综合交通运输业发展经历了先增后减再增的变化趋势，而经济发展总体趋势为先减后增。2011—2020年内蒙古平均综合交通运输业发展与经济发展共经历6种脱钩状态：强负脱钩、强脱钩、衰退脱钩、扩张负脱钩、衰退联结、增长联结。总体来看，内蒙古平均综合交通运输业发展与经济发展之间的脱钩状态不稳定。

4.5　本章小结

本章通过对内蒙古部分地级行政区综合交通运输业发展和经济发展两个系统之间存在的相互作用关系进行分析。整体上分为以下两部分：第一，使用灰色关联度分析法分析内蒙古部分地级行政区综合交通运输业发展和经济发展的两个系统各因素之间对彼此的影响程度。第二，通过测算内蒙古部分地级行政区综合交通运输业发展和经济发展之间的脱钩状态，探究时间因素对两者关系的影响以及两者的发展趋势。

5 综合交通运输业对综合交通可达性的影响研究

本研究从综合交通和节点区位角度，选择加权平均旅行时间和区位优势潜力两种指标测度区域可达性。两个指标有着不同的侧重点，加权平均旅行时间是从旅行时间角度反映节点的可达性水平，是从节点到其行政中心、经济中心的可达性水平；区位优势潜力指标从经济意义角度，以经济指标作为节点权重，反映节点间的相互作用强度，弥补了加权平均旅行时间模型中未将距离对节点的影响考虑在内的缺陷；本研究综合运用二者，使得可达性评价更为全面、精确。本章先介绍加权平均旅行时间测度内蒙古区域综合交通可达性。然后通过定性比较分析法探讨综合交通运输业对综合交通可达性的具体影响过程。

5.1 综合交通可达性模型构建与测度

5.1.1 基于加权平均旅行时间的综合交通可达性模型

综合交通可达性不是区内各节点间可达性的累加，而是指区域对外通达性和对内连通性的综合[103]。地级行政区间的连通度影响区内生产要素流通，交通基础设施水平与建设布局密度影响地区对外经济贸易交流水平。在已有文献[104]的基础上，本研究将区域综合交通可达性分为对内可达性与对外可达性。其中，对内可达性分为地级行政区内部可达性和地级行政区间可达性。区内交通可达性计算主要基于加权平均旅行时间模型，主要测度从研究节点到各经济、行政中心的旅行时间。对外交通可达性的测度主要基于交通基础设施水平赋值后计算总评分值。

5.1.1.1 对内可达性模型

地级行政区内部可达性计算主要以归属地级行政区、县级行政区、乡级行政区政府驻地间的公路交通旅行时间作为衡量指标。按公路直达的先行条件计算旅行时间，由乡级行政区和县级行政区到其归属地级行政区，乡级行政区到其归属县级行政区的公路交通时间进行综合测度。地级行政区内各级区间的旅行时间计算如式（5-1）、式（5-2）、式（5-3）所示：

$$T^x = \frac{\sum_{\beta=1}^{p} t_{\alpha\beta}}{p-1}, \quad x=1, 2, 3 \tag{5-1}$$

式（5-1）中，T^x为地级行政区内部下辖地区至其上级归属地区的加权平均旅行时间（其中T^1、T^2、T^3分别为乡级行政区至上级地级行政区、县级行政区至上级地级行政区、乡级行政区至上级县级行政区的加权平均公路交通时间）；$t_{\alpha\beta}$为地区β到其上级行政归属地区α的公路交通时间，p为地区β的数量。

按照地区等级归属划分，乡归县、县归地级市，故将式（5-1）得出的三个加权平均旅行时间折中选择解释为地级市i下属县i_a到地市级政府所在县级行政区i_b的加权平均旅行时间，如式（5-2）所示：

$$T_{i_a i_b} = T^1 + T^2 + T^3, \quad x=1, 2, 3 \tag{5-2}$$

$$A_i^\phi = \sum_{i_a=1}^{m} \frac{\sum_{i_b=1}^{n} (T_{i_a i_b} M_{i_b})}{\sum_{i_b=1}^{n} M_{i_b}} / (m-1) \tag{5-3}$$

A_i^ϕ为地级行政区i内部加权平均旅行时间，其值越小，区域可达性水平越高；n为地级行政区政府所在县i_b的数量，故$n=1$；m为地级行政区i下属县i_a（除去地级行政区政府所在县级行政区）数量（个）；M_{i_b}为地级行政区i政府所在旗县i_b的经济社会要素流量（吸引力、节点权重），以往研究中大部分采用人口、地区生产总值或以二者的几何平均数度量；旅行目标节点的经济和社会要素流量的测度应考虑其对周围地区的吸引力或辐射力，间接影响人们的旅行意愿来影响该地区的可达性，是一个综合质量指数[105]。因此，本研究结合以往文献[106]并考虑到数据获取性等因素选取人口数（POP）表征人流，第二、第三产业生产总值（GDPS、GDPT）表征经济流，选取一般公共预算收入（BUD）、居民可支配收入（DIR）等指标表征资金流，取社会消费品零售总额（RSC）表征贸易流，基于以上指标对研究节点的经济社会要素流量进行测度，故$M_{i_b} = \sqrt[6]{POP_{i_b} \times GDPS_{i_b} \times GDPT_{i_b} \times BUD_{i_b} \times DIR_{i_b} \times RSC_{i_b}}$。

内蒙古自治区12个地级行政区间有公路、铁路和航空三种交通运输方式，因此本研究以上述三种交通方式中的最短旅行时间作为地级行政区间最短旅行时间，构建地级行政区间的可达性模型，如式（5-4）所示：

$$A_i^\varphi = \frac{\sum_{j=1}^{n} T_{ij} M_j}{\sum_{j=1}^{n} M_j} \tag{5-4}$$

其中，A_i^φ 为地级行政区 i 至其他地级行政区的最短加权旅行时间；为消除区位对交通可达性的影响，突出区域经济发展水平与交通可达性水平的联系，M_j 为节点 j 的吸引力，将式（5-3）中的测度指标引用于式（5-4）中，$M_j = \sqrt[6]{POP_j \times GDPS_j \times GDPT_j \times BUD_j \times DIR_j \times RSC_j}$；$t_{ij}^0, t_{ij}^1, t_{ij}^2$ 分别为地级行政区 i 至地级行政区 j 的公路、铁路和航空交通旅行时间（h）；T_{ij} 为从地级行政区 i 到地级行政区 j 的最短旅行时间（h），取 $T_{ij} = \min\{t_{ij}^0, t_{ij}^1, t_{ij}^2\}$。

利用最短加权旅行时间计算地级行政区内和地级行政区间的交通可达性，n 为研究地级行政区个数（个），计算公式如式（5-5）所示：

$$W_i^x = \frac{\frac{1}{n}\sum_{j=1}^{n} A_i^x}{A_i^x}, x = \phi、\varphi \tag{5-5}$$

设 D_i^I 为对内可达性，γ_1、γ_2 为地级行政区内部可达性 W_i^ϕ 与地级行政区间可达性 W_i^φ 的权重，可以由专家咨询法决定，本研究认为二者同样重要，取 $\gamma_1 = \gamma_2 = 0.5$；如式（5-6）所示：

$$D_i^I = \gamma_1 W_i^\phi + \gamma_2 W_i^\varphi \tag{5-6}$$

5.1.1.2 对外可达性模型

考虑到内蒙古自治区交通运输中港口运输占比小，对外可达性仍选取公路、铁路和航空三种交通方式进行分析。交通基础设施等级能够反映地区运载流通效率，参考已有研究[58, 107]，并结合内蒙古自治区实际情况，对机场、铁路站点等级赋值，并计算铁路与航空交通的总得分（见表5-1）。

表 5-1　铁路与航空交通基础设施等级赋值

交通设施	等级	赋值	交通设施	等级	赋值
机场	门户复合枢纽型机场	3.0	铁路站点	特等站/开通高速铁路	3.0
	区域枢纽型机场	2.5		一等站	2.5
	干线机场/国际支线机场	2.0		二等站	2.0
	支线机场	1.5		三等站	1.5
				四等站	1.0
				五等站	0.5

根据表5-1的赋值对地级行政区铁路和航空、公路相对评分值进行计算，如式（5-7）所示：

$$\begin{cases} E_i^0 = e_i^0 / (\frac{1}{n}\sum_{j=1}^{n} e_j^0) \\[2mm] E_i^1 = e_i^1 / (\frac{1}{n}\sum_{j=1}^{n} e_j^1) \\[2mm] E_i^2 = \dfrac{g_i^1 / (\frac{1}{n}\sum_{j=1}^{n} g_j^1) + g_i^2 / (\frac{1}{n}\sum_{j=1}^{n} g_j^2)}{2} \end{cases} \quad (5\text{-}7)$$

其中，e_i^0、e_i^1分别为地级行政区i的铁路站点与机场等级评分累加值；E_i^0、E_i^1、E_i^2分别为地级行政区i的铁路、航空、公路的相对评分值；g_i^1、g_i^2分别为地级行政区i境内公路总里程（km）、高速公路总里程（km）。

对外可达性模型如式（5-8）所示：

$$D_i^O = \beta_1 E_i^0 + \beta_2 E_i^1 + \beta_3 E_i^2 \quad (5\text{-}8)$$

式（5-8）中，D_i^O为地级行政区i的对外可达性，β_1、β_2、β_3分别为铁路站点、机场、公路相对评分值在对外可达性中的占比，可以由专家咨询法决定，本研究认为三种交通运输同样重要，故取等权赋值，$\beta_1 = \beta_2 = \beta_3 = 0.333$。

5.1.1.3 综合交通可达性模型

区域综合交通可达性由对内交通可达性和对外交通可达性组成，能够反映地级行政区整体交通可达性水平，计算如式（5-9）所示：

$$D_i = \theta_0 D_i^I + \theta_1 D_i^O \quad (5\text{-}9)$$

其中，D_i为地级行政区i的综合交通可达性，值越大，代表综合交通可达性水平越高；θ_0、θ_1分别为对内可达性和对外可达性在综合交通可达性中的占比，本研究认为对内可达性与对外可达性同样重要，取$\theta_0 = \theta_1 = 0.5$。

5.1.1.4 数据来源

（1）经济、人口数据：内蒙古自治区各地级行政区的经济、人口数据来自《内蒙古统计年鉴2021》；旗县区的地区生产总值、社会消费品零售总额、居民可支配收入等数据来自《中国县域统计年鉴2021（县市卷）》和各地级行政区2021年统计年鉴。

（2）铁路交通数据：铁路站点数据来自内蒙古交通运输厅统计资料、查询网

（www.iP138.com）、keyunzhan.com 等；

（3）航空交通数据：机场等级分布来自内蒙古自治区交通运输厅统计材料；

（4）节点间的旅行时间数据：公路旅行距离数据来自高德地图网站（mobile. amap. com）。获取交通距离时，选择区域政府驻地作为端点，路线偏好设置为"规避拥堵和速度最快"；铁路旅行时间数据来源于中国铁路客服中心网站（www.12306.com）；航空旅行时间数据来源于智行火车票网站（www.suanya.cn）。

5.1.2 综合交通可达性模型结果分析

内蒙古自治区 12 个地级行政区的对内可达性、对外可达性和综合交通可达性由式（5-1）至式（5-9）计算，其结果见表 5-2。

表 5-2 内蒙古自治区 12 个地级行政区交通可达性计算结果

地级行政区	D_i^I	D_i^O	D_i	地级行政区	D_i^I	D_i^O	D_i
呼和浩特市	5.182	0.678	2.337	锡林郭勒盟	1.905	1.077	1.247
包头市	2.911	0.728	1.799	乌兰察布市	1.124	0.997	1.271
呼伦贝尔市	0.598	2.059	1.292	鄂尔多斯市	0.954	1.109	3.861
兴安盟	0.713	1.009	0.864	巴彦淖尔市	0.814	0.672	1.029
通辽市	1.063	1.347	1.130	乌海市	0.882	0.287	1.593
赤峰市	0.986	1.192	1.022	阿拉善盟	0.622	1.025	0.764

将 12 个地级行政区按照可达性数值，并在参考已有研究[62]的基础上，利用自然断点法，将其划分为枢纽型城市、副枢纽型城市、交通便捷型城市、交通发展型城市、交通落后型城市，如表 5-3 所示：

表 5-3 内蒙古自治区 12 个地级行政区综合交通可达性等级划分结果

综合交通可达性等级分类	综合交通可达性划分区间	地级行政区
交通落后型城市	<0.9	兴安盟、阿拉善盟
交通发展型城市	0.9~1.2	通辽市、赤峰市、巴彦淖尔市
交通便捷型城市	1.2~1.5	呼伦贝尔市、锡林郭勒盟、乌兰察布市
副枢纽型城市	1.5~1.8	包头市、乌海市
枢纽型城市	>1.8	呼和浩特市、鄂尔多斯市

由表 5-2、表 5-3 可知，内蒙古自治区 12 个地级行政区的交通可达性水平参差不齐。按综合交通可达性值划分等级，属于枢纽型城市的有呼和浩特市、鄂尔多斯

市，属于副枢纽型的有包头市和乌海市。呼和浩特市作为内蒙古首府城市，综合交通可达性水平较高，其中对内可达性水平相较于对外可达性水平高。鄂尔多斯作为国家重要能源基地，综合交通可达性水平最高，对内可达性水平相较于对外可达性水平高，其原因如下：境内公路交通基础设施建设合理，与其他地级行政区相比境内各级节点间的旅行时间较短。"草原钢城"包头市交通发展有着极大的区域优势，是连接华北、西北最为重要的交通枢纽。近年来，包头市扩建铁路、公路和民航等交通基础设施，将得天独厚的区位优势转变为交通优势，基础设施保障能力不断增强使得其综合交通可达性水平提升。乌海市由于区域面积小、交通基础设施密度大，各级行政区间的距离短，对内可达性较好，属于副枢纽型地级行政区。

呼伦贝尔市、锡林郭勒盟、乌兰察布市均属于交通便捷型地级行政区。呼伦贝尔市作为东四地级行政区中唯一的枢纽型地级行政区，对外与俄罗斯和蒙古国毗邻，拥有满洲里、黑山头等8个国家级口岸，因此对外可达性水平最高。锡林郭勒盟有二连浩特和珠恩嘎达布其两个常年开关的对蒙陆路口岸，以自治区首府呼和浩特市为中心的呼、包、鄂黄金三角地均在500千米半径以内。锡林郭勒盟近几年致力于建设"四横六纵六支线"铁路网，以"八横七纵六出口一环线"公路网为基础推进国道和省道升级改造，扩建锡林浩特机场以及加建6个通用机场，其对内可达性与对外可达性均处于较高水平，综合交通可达性指数为1.247。乌兰察布市综合可达性指数为1.257，对外可达性水平较对内可达性水平低。

通辽市、赤峰市、巴彦淖尔市属于交通发展型城市。其中，通辽市综合可达性指数为1.117。赤峰市作为省域副中心城市，位于"蒙冀辽"三省区交汇处，独特的区域优势度使得其对内、对外可达性均位于前列，其综合交通可达性指数为1.008。巴彦淖尔市对外可达性水平低于对内可达性水平，综合交通可达性指数为1.029。

兴安盟和阿拉善盟的综合交通可达性指数分别为0.85、0.764，分别属于交通落后型城市。

5.2　综合交通可达性影响因素的组态效应分析

5.2.1　定性比较分析方法

定性比较分析方法（QCA方法）是一种非对称的研究方法，以案例为导向，通过整体探究要素组态和结果变量之间的集合，从而解决复杂因果现象[108-110]。具体来说，QCA方法从整体视角出发，将组态思维引进管理学，以布尔运算和集合论为基础，分析前因变量的复杂关系对结果的影响，可以有效解决因果不对称和多重并发因果关系等问题[111]。QCA方法通过得到指标的一致性和覆盖度来代表指标对于结果的必要性和充分性，一致性体现共属于前因条件组合的案例输出同样结果的一致性程度，这表明组态构成某一特定结果的充分条件，即通过这一组态可以达到特定结果；覆盖度可以体现前因条件组合的重要性，表现出集合对结果的解释力度。

内蒙古交通可达性会受到综合交通运输业多个因素的影响且各要素之间并不独立。本章的前因变量和结果变量均属于0~1的连续型变量，不适合用多值集比较分析方法（mvQCA）和清晰集比较分析方法（csQCA），所以，本研究选用模糊集定性比较分析法（fsQCA）。本章使用的前因变量为第3章内蒙古综合交通运输业的结构层指标，结果变量为综合交通可达性。具体变量影响机制模型如下。

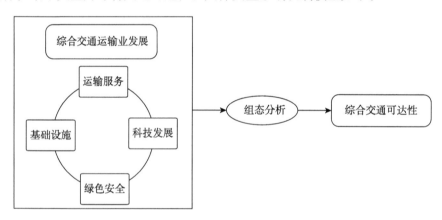

图5-1　综合交通运输业发展对交通可达性的影响机制模型

5.2.1.1　数据来源

内蒙古综合交通运输业发展的数据使用第3章得到的内蒙古综合交通运输业发展水平综合评价值，由于综合交通运输业发展对综合可达性产生的影响具有延迟性，所以本研究采用曹萍等（2022）[112]和苏屹等（2021）[113]的研究，因此本章采用两年的滞后期，即对内蒙古综合交通运输业发展的相关指标采用2018年的数据，具体数据如表5-4；结果变量使用表5-2的数据，即2020年的综合交通可达性值。在得到原始数据之后，需要对数据进行标准化处理，由于综合交通运输业发展在使用熵值法计算权重时已经进行过数据标准化处理，所以，前因条件的数据无须再进行标准化处理。

表 5-4 2018 年内蒙古综合交通运输业发展结构层指标综合值

地区	综合交通运输业发展			
	基础设施	运输服务	科技发展	绿色安全
呼和浩特市	0.019	0.143	0.535	0.034
包头市	0.019	0.119	0.039	0.030
呼伦贝尔市	0.059	0.065	0.053	0.028
兴安盟	0.047	0.015	0.030	0.073
通辽市	0.039	0.070	0.051	0.017
赤峰市	0.028	0.121	0.028	0.048
锡林郭勒盟	0.069	0.039	0.057	0.074
乌兰察布市	0.059	0.025	0.060	0.074
鄂尔多斯市	0.074	0.064	0.053	0.039
巴彦淖尔市	0.040	0.051	0.070	0.084
乌海市	0.020	0.005	0.000	0.080
阿拉善盟	0.104	0.004	0.019	0.071

5.2.1.2 变量校准

定性比较分析方法的一个重要工作是对原始数据进行校准，在现有理论研究的基础上，同时根据本次变量数据特点，使用直接法对数据进行校准。本章将 5% 分位数、50% 分位数和 95% 分位数设置为校准锚点[114]，分别代表完全不隶属阈值、交叉值和完全隶属阈值。具体变量校准后数据为表 5-5，前因变量和结果变量的校准锚点及校准后数据的描述性统计见表 5-6。

表 5-5 内蒙古各地行政区校准后数据

地区	综合交通运输业发展				综合交通可达性
	基础设施	运输服务	科技发展	绿色安全	
呼和浩特市	0.05	0.97	1.00	0.11	0.86
包头市	0.05	0.93	0.28	0.08	0.71
呼伦贝尔市	0.74	0.57	0.50	0.07	0.51
兴安盟	0.56	0.08	0.17	0.86	0.06
通辽市	0.36	0.63	0.48	0.03	0.29
赤峰市	0.12	0.93	0.15	0.28	0.17
锡林郭勒盟	0.85	0.26	0.52	0.87	0.48
乌兰察布市	0.75	0.14	0.53	0.88	0.51
鄂尔多斯市	0.89	0.57	0.5	0.16	0.99

续　表

地区	综合交通运输业发展				综合交通可达性
	基础设施	运输服务	科技发展	绿色安全	
巴彦淖尔市	0.38	0.41	0.56	0.96	0.17
乌海市	0.05	0.05	0.02	0.94	0.64
阿拉善盟	0.98	0.05	0.09	0.83	0.03

表 5-6　各变量校准锚点与描述性统计

条件和结果变量	模糊集校准			描述性分析			
	完全不隶属	交叉点	完全隶属	均值	标准差	最小值	最大值
基础设施	0.019	0.043	0.087	0.048	0.025	0.019	0.104
运输服务	0.004	0.058	0.131	0.060	0.045	0.004	0.143
科技发展	0.011	0.052	0.279	0.083	0.138	0.000	0.535
绿色安全	0.023	0.060	0.082	0.054	0.023	0.017	0.084
综合交通可达性	0.819	1.259	3.023	1.517	0.820	0.764	3.861

5.2.2　综合交通运输业对综合交通可达性的影响过程及结果分析

5.2.2.1　单个条件必要性分析

本章使用fsQCA3.0分析在内蒙古综合交通运输业发展的推动下高交通可达性的条件组态。首先对条件组态进行必要性分析，通过使用QCA方法计算单变量的一致性和覆盖度检验高/低交通可达性条件的必要性。换言之，检验结果集合是否属于某个条件的子集，当结果和某个条件总是相伴发生，则这个条件便是此结果的必要条件，判断必要条件的标准是一致性水平高于0.9[115]。具体必要性结果见表5-7，在高交通可达性和高交通可达性的前因条件中，一致性水平均低于0.9，表明这些因素并不是结果变量的必要条件。其中，非科技发展对低交通可达性的一致性为0.856，虽然没有达到0.9，但是覆盖度达到0.932，说明其解释力度较强，应该对变量科技发展进行充分条件分析。

表 5-7　条件变量的必要性检验

条件变量	高交通可达性		低交通可达性	
	一致性	覆盖度	一致性	覆盖度
基础设施	0.592	0.555	0.616	0.701
～基础设施	0.681	0.593	0.609	0.645

条件变量	高交通可达性		低交通可达性	
	一致性	覆盖度	一致性	覆盖度
运输服务	0.705	0.683	0.514	0.605
~运输服务	0.592	0.501	0.731	0.750
科技发展	0.710	0.802	0.517	0.708
~科技发展	0.742	0.558	0.856	0.932
绿色安全	0.463	0.414	0.679	0.736
~绿色安全	0.705	0.644	0.459	0.509

注：~指逻辑非。

5.2.2.2　充分条件的组态分析

组态分析是定性比较分析方法的核心，目的是探究前因条件的不同组合如何影响结果变量。判断充分性一致性水平，Schneider 和 Wagemann 提出应当高于0.75[115]。根据杜运周等（2017）[111]的研究，以及本研究具体情况，在构建真值表的过程中，将原始一致性阈值设置为0.8，PRI一致性阈值设置为0.75，案例频数阈值设置为1。在强化标准的反事实分析部分，排除矛盾简化假设，由于内蒙古地跨东北、华北、西北三个地区，幅员辽阔，各地级行政区差异大，前因条件对各区域结果变量的作用未知，对方向不进行预设，全部勾选"存在或缺失"。最后可以得到简单解、中间解以及复杂解。

根据模糊集定性比较分析得到三个解，同时出现在简单解和中间解中的条件为核心条件，只在中间解中出现的条件为边缘条件[115]。QCA分析结果如表5-8。产生高交通可达性的组态路径只有1组，产生低交通可达性的组态路径有2组。高交通可达性和低交通可达性的总体解的一致性分别为0.907、0.956，均大于0.9，单个组态间的一致性也大于0.9，表明这3个组态均可以作为结果变量产生的充分条件。

表 5-8　交通可达性组态分析

条件变量	高交通可达性	低交通可达性	
	路径1	路径2	路径3
基础设施	□	●	■
运输服务	●	□	■
科技发展	●	■	●
绿色安全	■	○	●
一致性	0.907	0.952	0.935

条件变量	高交通可达性	低交通可达性	
	路径1	路径2	路径3
原始覆盖度	0.431	0.456	0.220
代表案例	呼和浩特市	阿拉善盟，兴安盟	巴彦淖尔市
总体解的一致性	0.907	0.956	
总体解的覆盖度	0.431	0.491	

注：●与○表示条件存在，■与□表示条件不存在，●与■表示核心条件，○与□表示边缘条件。

根据表5-8对具体组态路径进行详细分析：

路径一：运输服务、科技发展为核心条件，互补非基础设施为边缘条件，缺乏绿色安全可以产生高交通可达性。说明组态1下区域即使存在绿色安全发展水平差、基础设施不完善的情况，通过提升科技发展和运输服务也可以有效促进区域高交通可达性的实现。组态1的代表区域是呼和浩特市，呼和浩特市作为内蒙古首府城市，科技发展有助于交通运输发展，同时呼和浩特市道路建设合理，与其他地级行政区相比境内各级节点间的旅行时间较短，综合交通可达性水平较高。

路径二：基础设施为核心条件，互补非运输服务和绿色安全为边缘条件，缺乏科技的发展会导致低交通可达性。说明组态2即便存在区域内交通事故的发起数、死亡数以及直接经济损失明显下降，人均拥有的城市道路面积、拥有公路里程数以及公共汽车数上升的情况，但只要科技发展和运输服务发展水平差，就会导致区域形成低交通可达性。组态2的代表区域是阿拉善盟和兴安盟。组态1与组态2相似，指出科技发展和运输服务的发展可以有效促进区域高交通可达性的实现，但组态1中运输服务发展的重要性高于组态2。

路径三：科技发展、绿色安全为核心条件，缺乏基础设施、运输服务会导致低交通可达性。说明组态3下，存在基础设施与运输服务差的情况，即使区域科技投入多以及交通安全情况好也会导致区域形成低交通可达性。组态3的代表区域是巴彦淖尔市。与组态1和组态2相比，组态3的区域更强调基础设施和交通运输的发展。

5.3　本章小结

　　本章主要探究综合交通运输业对综合交通可达性的影响。整体上分为以下两部分：第一，首先基于加权平均旅行时间模型与交通基础设施（车站、铁路站点、机场）等级赋值，测度了12个地级行政区综合交通可达性水平。第二，通过定性比较分析法从基础设施、运输服务、科技发展、绿色安全四个方面探讨综合交通运输业对综合交通可达性的具体影响过程。

6 交通可达性与区域经济发展水平的耦合协调关系研究

本章从综合交通的角度测度可达性与经济水平的耦合协调关系，以12个地级行政区作为研究节点，原因如下：第一，地级行政区级以下行政单元的综合交通数据不易获取；第二，耦合协调关系是指两个系统间的协调发展水平，若选择地级行政区级以下行政单位作为节点的话，交通方式不够全面，若选择自治区作为研究节点的话没有横向对比对象，因此选择地级行政区作为研究节点，既可以包括综合交通种类，又可以横向对比地级行政区交通与经济的协调发展水平。

6.1 耦合协调度模型

耦合协调度模型是一种能对系统协同发展程度进行分析的模型。耦合度指两个或两个以上系统之间的相互影响作用，从而达到协调发展的动态关联关系，它能够反映出系统之间的相互依赖和相互制约程度。协调度指耦合相互作用关系中良性耦合程度的大小，它可体现出协调状况的好坏[116]。耦合协调度模型中包含了三个指标的数值，即：耦合度C值，协调指数Y值，耦合协调度O值。最后，将耦合协调度O值与分级准则相结合，得到各个环节的协同水平。其中，耦合度C值越大，说明系统间的相互作用越大；

$$C = 2\sqrt{u_1 u_2 / (u_1 + u_2)^2} \qquad (6\text{-}1)$$

式（6-1）中，C表示两个系统之间的耦合程度，u_1、u_2表示两个系统发展水平的代表性度量指标，u_1、u_2之间的数值差距越大，耦合程度C越小，反之，两个系统之间的耦合程度越大。

$$Y = \alpha u_1 + \beta u_2 \qquad (6\text{-}2)$$

式（6-2）中，Y为两个系统的发展水平协同作用力或整体贡献指数，即协调指数，α和β分别为可达性和经济联系总量的参数，参考以往文献，设$\alpha = \beta = 0.5$[117]。

$$O = \sqrt{C \times Y} \qquad (6\text{-}3)$$

式（6-3）中，O为耦合协调度，该值越大说明系统间协调程度越高。

6.2 地级行政区可达性与经济发展水平的耦合协调度分析

6.2.1 经济发展水平评价

由第3章频数法统计出的地区生产总值、人均地区生产总值、第二产业占比、第三产业占比、人均地方财政收入、城镇人均可支配收入、全社会固定资产投资额、人均社会消费品零售总额等指标，将其数据基于熵值法，得出对应指标权重如表6-1所示。

表 6-1 2020年经济水平指标权重

指标	权重
人均生产总值（元）	0.139
地区生产总值（亿元）	0.119
人均地方财政收入（元）	0.196
第二产业产值比重（%）	0.114
第三产业产值比重（%）	0.084
城镇人均可支配收入（元）	0.107
全社会固定资产投资额（亿元）	0.108
人均社会消费品零售额（元）	0.131
合计	1.000

首先整理内蒙古自治区12个地级行政区的2020年经济规模指数（见表3-8）和2020年综合交通可达性（见表5-2）的数据，具体数据见表6-2。

表 6-2 2020年经济规模指数和综合交通可达性

地区	经济规模指数	排名	综合交通可达性	排名
呼和浩特市	0.595	3	2.337	2
包头市	0.636	2	1.799	3
呼伦贝尔市	0.169	8	1.292	5
兴安盟	0.051	12	0.864	11
通辽市	0.156	9	1.130	8
赤峰市	0.206	7	1.022	10
锡林郭勒盟	0.301	6	1.247	7
乌兰察布市	0.148	10	1.271	6
鄂尔多斯市	0.851	1	3.861	1

续　表

地区	经济规模指数	排名	综合交通可达性	排名
巴彦淖尔市	0.145	11	1.029	9
乌海市	0.406	4	1.593	4
阿拉善盟	0.405	5	0.764	12

结合内蒙古自治区12个地级行政区的2020年经济规模指数和综合交通可达性指数，结果见表6-3。

表 6-3 内蒙古自治区12个地级行政区经济发展水平

地级行政区	ES_i	地级行政区	ES_i	地级行政区	ES_i
呼和浩特市	0.595[2]	通辽市	0.156[8]	鄂尔多斯市	0.851[1]
包头市	0.636[3]	赤峰市	0.206[10]	巴彦淖尔市	0.145[9]
呼伦贝尔市	0.169[5]	锡林郭勒盟	0.301[7]	乌海市	0.406[4]
兴安盟	0.051[11]	乌兰察布市	0.148[6]	阿拉善盟	0.405[12]

注：ES_i右上角的标号为对应地级行政区的交通可达性水平排名。

由表6-3可知，内蒙古自治区地级行政区间的经济规模水平差距较大，两极化严重。其中，鄂尔多斯市、呼和浩特市、包头市、乌海市排名前四位；巴彦淖尔市、赤峰市、兴安盟和阿拉善盟排名后四位。对比分析蒙东、蒙中和蒙西地区的数据发现，蒙西地区平均经济规模指数最高，其次是蒙中地区和蒙东地区；其中，包头市和鄂尔多斯市整体上提升了蒙西地区的平均经济规模指数；蒙中地区中乌兰察布市和锡林郭勒盟经济规模发展较落后，没有充分利用区位优势发展经济；兴安盟经济规模指数在总体水平上拉低了蒙东地区平均值，经济发展落后于周边地级行政区。总体来说，"呼包鄂"地区发展对周围地区的带动力不够，各地级行政区经济水平还有较大的发展空间。

通过分析表6-3的数据可知，多数交通可达性水平高的地级行政区经济规模指数也高，两者具有同步趋升一致性。其中也存在个别地级行政区经济规模指数与交通可达性错位现象，如经济规模指数排名靠前的阿拉善盟的交通可达性排名为倒数，交通基础设施建设在一定程度上限制了经济发展；可达性水平排名第六的乌兰察布市，经济规模指数排名第十，经济发展滞后于交通建设。

6.2.2　耦合协调结果分析

由式（6-1）至式（6-3）计算出内蒙古自治区12个地级行政区交通可达性与经

济规模指数的耦合度 C_i、协调指数 Y_i 和耦合协调度 O_i，计算结果见表6-4。

表 6-4　内蒙古12个地级行政区综合交通可达性与经济发展水平的耦合协调指数计算结果

地级行政区	C_i	Y_i	O_i	地级行政区	C_i	Y_i	O_i
呼和浩特市	0.866	0.338	0.541	锡林郭勒盟	0.951	0.124	0.344
包头市	1.000	0.334	0.578	乌兰察布市	0.626	0.096	0.245
呼伦贝尔市	0.734	0.106	0.278	鄂尔多斯市	1.000	0.990	0.995
兴安盟	0.959	0.032	0.176	巴彦淖尔市	0.590	0.052	0.175
通辽市	0.838	0.082	0.262	乌海市	0.817	0.173	0.376
赤峰市	0.993	0.104	0.322	阿拉善盟	0.581	0.054	0.177

由内蒙古自治区12个地级行政区交通可达性与经济规模指数的耦合度 C_i、协调指数 Y_i 和耦合协调度 O_i 的计算结果可知，内蒙古自治区12个地级行政区中的交通可达性与经济规模指数的耦合度良好，耦合度指数均在0.5以上，说明交通运输与区域经济发展水平有着紧密的关联性，系统间的相互作用程度良好；12个地级行政区的协调指数水平均低，协调指数水平最高的是鄂尔多斯市，值为0.990，最低的是兴安盟，值为0.032；说明12个地级行政区中除了鄂尔多斯市，其余地级行政区的经济与交通可达性间的协同作用力或整体贡献水平不高；耦合协调度方面，鄂尔多斯市的值为0.995，其余地级行政区中呼和浩特市、包头市的值大于0.5，说明12个地级行政区中9个地级行政区的经济水平与交通可达性都处于较低程度的协调阶段。从耦合协调度的三个指数的计算结果可以看出，各地级行政区经济与交通可达性的耦合协调指数高低不一，其交通与经济协调发展还有很大的提升空间。

已有研究[118]中利用中段分值法将协调度划分了4种类型：(0，0.3]低协调的耦合、(0.3，0.5]为中度协调的耦合、(0.5，0.8]为高度协调的耦合、(0.8，1]为极度协调的耦合；在参考现有研究的基础上，根据本研究数据特点，利用自然断点法，将12个地级行政区的交通与经济发展水平的协调度分为4个不同阶段，如表6-5所示。

表 6-5　内蒙古自治区12个地级行政区交通可达性与经济发展水平的协调程度划分结果

协调发展阶段	协调度区间	地级行政区
拮抗耦合阶段	<0.25	兴安盟、乌兰察布市、巴彦淖尔市、阿拉善盟
磨合阶段	0.25 ~ 0.5	呼伦贝尔市、通辽市、赤峰市、锡林郭勒盟、乌海市
良好耦合协调阶段	0.5 ~ 0.75	呼和浩特市、包头市
高水平协调耦合阶段	0.75 ~ 1.0	鄂尔多斯市

6.3　本章小结

　　本章通过耦合协调度模型分析了内蒙古自治区可达性与经济水平的关系。首先结合第3章得出的内蒙古自治区12个地级行政区的2020年经济规模指数和第5章得出的2020年综合交通可达性数据进行描述性统计分析；其次利用耦合协调度模型分析了交通可达性与经济水平的耦合协调指数。从研究结果可以看出，内蒙古交通和经济发展极度不平衡，多数地级行政区的交通建设还有较大的完善和进步空间。

7 交通可达性对区域经济发展水平的空间效应分析

在测度地级行政区交通可达性与经济发展水平的耦合协调关系的基础上，为探究其内在影响机制，以县级行政区为研究节点，分析可达性对经济发展水平的空间效应。一方面，将地级行政区单元细化为101个县级行政区节点，扩大节点数量，细化可达性水平的测量；另一方面，将更加深入地分析可达性对经济发展的空间效应，并进行横向对比。由于客观因素，县级行政区节点的可达性分析不适合使用以综合交通为角度的加权平均旅行时间模型。因此，分析以县级行政区为节点的可达性对经济发展水平的空间效应时，选择区位优势潜力模型计算可达性，具体原因如下。第一，若使用加权平均旅行时间等其他可达性模型的话，校准阻抗函数需要估计其他参数，使得后续的多元回归分析模型和空间计量模型更加复杂，同时加权平均旅行时间模型所需的旗县区数据不易获取。第二，从每个节点的角度，衡量可达性水平，有助于解释和动态处理可达性数据并进行深入分析。

7.1 县级行政区可达性对经济发展水平的空间效应相关模型

7.1.1 区位优势潜力模型

区位优势潜力是指一个节点与其周边各节点在空间相互作用"合力"的大小[119]。区位优势潜力值与评价节点的经济区位"重要度"和规模成正比关系，与评价节点间的阻抗（时间、距离、交通费用）成反比关系[120]。方程式如下：

$$A_i = \sum_{j}^{n} m_j \times c_{ij}^{-\alpha} \qquad (7-1)$$

式中，A_i为节点i的区位优势潜力值，其值越大，表示该节点可达性水平越高，反之亦然。c_{ij}为通过某交通设施和交通网络从节点i到节点j时的阻抗（时间、交通、费用），本研究选取两个节点间的公路旅行时间来计算；α为距离摩擦系数（一般取1），m_j为节点j的经济水平。此模型主要反映节点j在经济上受其他节点i的影响。

7.1.2　经济发展水平评价指标

由于区位优势潜力模型中需要节点的经济发展水平指标作为节点权重，故本章从全局角度出发，考虑到数据可获取性、代表性等因素的基础上，为了将区域经济发展水平从区域总体、社会和居民三个角度来诠释的基础上更能明确三种不同的经济发展水平下的可达性值，筛选出旗县级地区生产总值、社会消费品零售总额、居民可支配收入等三个指标作为经济发展水平指标分别进行区位优势潜力分析。

地区生产总值：指一个区域内的全部常住单元在一段时间里，生产活动的最后结果，是反映一个区域的经济发展情况的一个主要指标。

社会消费品零售总额：是一种用来反映社会实物商品的非生产方面消费情况的主要指标，以商品的流通环节为出发点，反映了城乡居民生活商品和社会集团公共商品的总量消费情况。

居民可支配收入：是指可以被人们随意支配的收入，它可以用来衡量人们的生活水平和购买力，是一种体现人们收入水平的重要指标。

7.1.3　旅行时间权重矩阵的设置

地理学第一定律（TFL）指出，在地理空间中，所有的观测都存在着某种程度的空间依赖，或者说是空间自相关的特性[121]。空间权重矩阵能够表达节点间的空间交互作用，表征了空间截面单元某些地理或经济属性值之间的相互依赖程度，是连接空间计量模型与空间效应的重要纽带。早期的邻近性理论主要通过地理空间尺度来观察和衡量两个节点之间的互动规律及交流的难易程度。随着交通基础设施建设及交通设备的发展，仅从地理空间尺度诠释节点间的邻近性已不再能够反映实际的关联交流情况，因此本研究采用旅行时间作为空间邻近的评价标准构建空间权重矩阵。

基于节点间的旅行时间 c_{ij}，设置阈值 T，如果节点 i 到节点 j 的时间成本 c_{ij} 在 T 小时以内（$\leqslant T(h)$），则 $W_{ij}=1$，表示节点 i、j 有关联，并会相互影响；否则 $W_{ij}=0$（$> T(h)$），表示节点 i、j 没有关联，不会相互影响。

7.1.4　可达性与经济发展水平的空间计量模型

7.1.4.1　构建包含可达性与经济发展水平的多元回归模型

以往的研究[65, 72, 122]认为可达性与经济有着关联性，国外学者Paez（2004）[123]、

Ribeiro 等（2010）[124] 及国内学者陈博文等[15]将可达性与经济发展水平的关系用函数总结成如式（7-2）：

$$m_i = f(A_i, \ X_i) \tag{7-2}$$

式（7-2）表示可达性以及其他因素影响经济水平；式中，m_i 为节点 i 的经济指标，X_i 为影响节点 i 经济水平的其他因素。

在构建多元回归模型之前，提出两个假设：

第一，地区经济发展水平在空间上是否受到可达性影响？

第二，地区经济发展水平是否会受到行政等级和外部重要城市的影响？

基于提出的假设，由式（7-1）计算得出的三种不同可达性值的基础上，构建以可达性作为自变量，以经济发展水平指标作为因变量的多元回归模型，如式（7-3）所示：

$$m_i = \alpha A_i + \beta_1 x_{i1} + \beta_2 d_{i2} + \varepsilon_i \tag{7-3}$$

式中，m_i、A_i 与式（7-1）相同；α 为可达性的系数，x_{i1} 为节点 i 的行政单元等级，将县级行政单元等级设定为虚拟变量：自治区级政府所在县级行政区 $x_{i1}=2$、地级行政区级政府所在县级行政区 $x_{i1}=1$、其他县级行政区 $x_{i1}=0$；x_{i2} 为节点 i 与区外一线核心城市（北京市）的距离，β_1、β_2 分别为 x_{i1}、x_{i2} 的系数；ε_i 为误差项；将式（7-1）代入式（7-3），c_{ij}^{-1} 同式（7-1），得到式（7-4）：

$$m_i = \alpha \sum_{j \neq i}^n m_j c_{ij}^{-a} + \beta_1 x_{i1} + \beta_2 x_{i2} + \varepsilon_i \tag{7-4}$$

7.1.4.2 构建包含可达性与经济发展水平的空间计量模型

式（7-4）中旅行时间成本矩阵 $\begin{bmatrix} 0 & \cdots & c_{1i}^{-1} & \cdots & c_{1j}^{-1} \\ \vdots & \ddots & \vdots & \ddots & \vdots \\ c_{i1}^{-1} & \cdots & 0 & \cdots & c_{ij}^{-1} \\ \vdots & \ddots & \vdots & \ddots & \vdots \\ c_{j1}^{-1} & \cdots & c_{ji}^{-1} & \cdots & 0 \end{bmatrix}$，将其矩阵中的元素设成 $c_{ij}^{-1} = W_{ij}$，如下所示：

$$W = \begin{bmatrix} 0 & \cdots & W_{1i} & \cdots & W_{1j} \\ \vdots & \ddots & \vdots & \ddots & \vdots \\ W_{i1} & \cdots & 0 & \cdots & W_{ij} \\ \vdots & \ddots & \vdots & \ddots & \vdots \\ W_{j1} & \cdots & W_{ji} & \cdots & 0 \end{bmatrix} \tag{7-5}$$

将式（7-4）调整为矩阵形式，如下所示：

$$M = \alpha WM + \beta_1 X_{i1} + \beta_2 X_{i2} + \varepsilon_i \qquad (7\text{-}6)$$

可以看出，经过调整为矩阵形式后，式（7-5）表现为经典的空间自回归模型，即空间滞后回归模型 $Y = \rho WY + X\beta + \varepsilon, \varepsilon \sim N[0, \sigma^2 I]$；此模型是由 Anselin（1988）提出的空间自回归的混合回归的一种形式。模型的参数及显著性可以利用 Stata 软件，基于极大似然估计方法进行估算。式中，M 为节点的经济水平 $n \times 1$ 矩阵（地区生产总值、社会消费品零售总额、居民可支配收入）；W 为以公路旅行时间为元素的 $n \times n$ 空间权重矩阵；WM 为区位优势潜力模型的矩阵形式，（同时也是空间滞后项）；a 为空间效应系数，β_1、β_2 分别为其他影响因素 X_{i1}、X_{i2} 的系数 $n \times 1$ 矩阵，ε_i 是残差，包含了模型中未考虑的所有未知（非系统性）因素，假定残差项独立且服从正态分布。因为除了可达性，其他影响经济水平的因素也被考虑在式（7-6）中，所以可以理解为可达性是包含在空间滞后回归模型中的影响经济水平的因素之一。

7.1.5　空间自相关检验

在构建空间计量模型前，首先要检验数据是否存在空间自相关。空间自相关可以理解为位置相近的区域具有相似的变量取值。本研究选择莫兰指数 I（Moran，1950）对数据进行空间自相关检验，方程式如下：

$$I = \frac{\sum_{i=1}^{n} \sum_{j=1}^{n} w_{ij}(x_i - \bar{x})(x_j - \bar{x})}{S^2 \sum_{i=1}^{n} \sum_{j=1}^{n} w_{ij}} \qquad (7\text{-}7)$$

式中，$S^2 = \dfrac{\sum_{i=1}^{n}(x_i - \bar{x})^2}{n}$ 为样本方差，w_{ij} 为空间权重矩阵元素，$\sum_{i=1}^{n} \sum_{j=1}^{n} w_{ij}$ 为所有空间权重元素之和。

莫兰指数的取值一般介于 –1 到 1 之间，大于 0 表示正相关，小于 0 表示负相关，若等于 0，则表明空间分布是随机的，不存在空间自相关。以上是全局莫兰指数（global Moran's I），考察的是整个空间序列的空间聚集情况。

7.2　县级可达性与经济发展水平的空间效应分析

7.2.1　可达性空间分布格局

根据式（7-1）区位优势潜力模型，利用地区生产总值、社会消费品零售总额、居民可支配收入等三个经济指标作为节点的引力水平计算内蒙古自治区101个县级行政区的可达性水平。按可达性值，将地区的可达性水平分为高水平、中上水平、中等水平、中下水平、低水平五个阶段进行对比分析。

（1）以地区生产总值作为节点经济水平计算的可达性水平（见表7-1）总体上以"呼包鄂"为中心呈现出较高状态。中下水平可达性的地区有鄂尔多斯市、巴彦淖尔市西部旗县、包头市北部地区、乌兰察布市北部地区及赤峰市松山区等地。中等水平可达性的地区有鄂尔多斯市达拉特旗、东胜区、包头市固阳县、土默特右旗、呼和浩特市土默特左旗、托克托县、和林格尔县、乌兰察布市卓资县。中上水平可达性的地区有包头市石拐区。高水平可达性的地区有呼和浩特市新城区、赛罕区、回民区、土默特左旗及玉泉区。蒙东地区的赤峰市和通辽市虽然经济水平较好，但其区位影响了与其他县级行政区节点的联系，因此可达性处于低水平。

表7-1 以地区生产总值作为节点经济水平的可达性水平

可达性水平	水平区间	区域
低水平	≤2 779.76	鄂伦春自治旗、根河市、满洲里市、阿拉善右旗、额尔古纳市、莫力达瓦达斡尔族自治旗、新巴尔虎右旗、额济纳旗、牙克石市、扎兰屯市、阿荣旗、新巴尔虎左旗扎赉诺尔区、阿尔山市、陈巴尔虎旗、海拉尔区、扎赉特旗、鄂温克族自治旗、科尔沁左翼中旗、霍林郭勒市、东乌珠穆沁旗、阿拉善左旗、科尔沁左翼后旗、科右中旗、突泉县、乌兰浩特市、库伦旗科尔沁旗、西乌珠穆沁旗、开鲁县、扎鲁特旗、奈曼旗、宁城县、锡林浩特市、阿巴嘎旗、巴林左旗、克什克腾旗、阿鲁科尔沁旗、二连浩特市、多伦县、敖汉旗、苏尼特左旗、正镶白旗、林西县、翁牛特旗、元宝山区、正蓝旗、巴林右旗、太仆寺旗、镶黄旗、红山区、喀喇沁旗、化德县、鄂托克前旗、科右前旗、苏尼特右旗、乌拉特中旗
中下水平	2 779.76～4 647.95	白云矿区、商都县、乌审旗、海勃湾区、达尔罕茂明安联合旗、乌拉特后旗、鄂托克旗、磴口县、乌达区、海南区、察右后旗、临河、丰镇市、兴和县、五原、四子王旗、杭锦后旗、杭锦旗、集宁区、察右中旗、察右前旗、松山区、乌拉特前旗、凉城县、武川县、准格尔旗、伊金霍洛旗、清水河县
中等水平	4 647.95～6 516.14	固阳县、卓资县、东胜区、和林格尔县、托克托县、昆都仑、土默特右旗、达拉特旗、土默特左旗
中上水平	6 516.14～8 384.33	东河区、石拐区
高水平	>8 384.33	新城区、回民区、玉泉区、赛罕区、土默特左旗

（2）基于社会消费品零售总额计算的可达性（见表7-2）相较于基于地区生产总值计算的可达性，可达性中下水平和中等水平的地区明显增加。中下水平可达性的地区有鄂尔多斯市东部地区（伊金霍洛旗、东胜区、准格尔旗、达拉特旗）、包

头市8个旗县区（青山区因经济数据缺失，未考虑）、呼和浩特市9个旗县区、乌兰察布市四子王旗、凉城县、锡林郭勒盟二连浩特市、苏尼特右旗、镶黄旗、正镶白旗、锡林浩特市、东乌珠穆沁旗、赤峰市克什克腾旗、林西县、巴林左旗、巴林右旗、松山区、喀喇沁旗、宁城县、红山区、元宝山区、敖汉旗等。中等水平可达性的地区有乌兰察布市察哈尔右翼后旗、兴和县、商都县、赤峰市苏尼特左旗、翁牛特旗等。中上水平可达性的地区有锡林郭勒盟阿巴嘎旗、西乌珠穆沁旗。高水平可达性的地区有乌兰察布市化德县、锡林郭勒盟正蓝旗。

表7-2　以社会消费品零售总额作为节点经济水平的可达性空间分布

可达性水平	水平区间	区域
低水平	≤ 12 246.04	太仆寺旗、鄂伦春自治旗、根河市、阿拉善右旗、额尔古纳市、额济纳旗、满洲里市、扎赉诺尔区、牙克石市、莫力达瓦达斡尔族自治旗、陈巴尔虎旗、新巴尔虎右旗、海拉尔区、鄂温克族自治旗、阿荣旗、新巴尔虎左旗、扎兰屯市、阿拉善左旗、扎赉特旗、阿尔山市、鄂托克前旗、乌兰浩特市、海南区、科尔沁左翼中旗、科右前旗、海勃湾区、突泉县、乌达区、鄂托克旗、丰镇市、科右中旗、科尔沁左翼后旗、磴口县、卓资县、乌审旗、集宁区、乌拉特中旗、科尔沁区、乌拉特后旗、库伦旗、临河、开鲁县、扎鲁特旗、五原、杭锦旗、杭锦后旗、霍林郭勒市、阿鲁科尔沁旗、奈曼旗、白云矿区、乌拉特前旗
中下水平	12 246.04 ~ 23 841.75	伊金霍洛旗、东胜区、固阳县、达尔罕茂明安联合旗、敖汉旗、正镶白旗、巴林左旗、东乌珠穆沁旗、宁城县、昆都仑、锡林浩特市、元宝山区、准格尔旗、达拉特旗、东河区、清水河县、红山区、石拐区、松山区、托克托县、九原区、巴林右旗、土默特右旗、林西县、喀喇沁旗、和林格尔县、武川县、四子王旗、土默特左旗、镶黄旗、二连浩特市、回民区、克什克腾旗、苏尼特右旗、玉泉区、新城区、赛罕区、察右中旗、凉城县
中等水平	23 841.75 ~ 35 437.46	察右后旗、翁牛特旗、察右前旗、苏尼特左旗、商都县、兴和县、多伦县
中上水平	23 841.75 ~ 47 033.17	阿巴嘎旗、西乌珠穆沁旗
高水平	>47 033.17	化德县、正蓝旗

（3）基于居民可支配收入计算的可达性（见表7-3），中下水平可达性的地区有巴彦淖尔市乌拉特后旗、磴口县、临河区、五原县、乌拉特中旗、包头市达尔罕茂明安联合旗、鄂尔多斯市杭锦旗、鄂托克旗、鄂托克前旗、乌审旗、乌海市3个区、乌兰察布市化德县、商都县、丰镇市、锡林郭勒盟锡林浩特市、二连浩特市、苏尼特右旗、苏尼特左旗、阿巴嘎旗、西乌珠穆沁旗、正蓝旗、太仆寺旗、正镶白旗、镶黄旗、多伦县、赤峰市克什克腾旗、林西县、巴林右旗、巴林左旗、阿鲁科尔沁旗、翁牛特旗、敖汉旗、喀喇沁旗、红山区、元宝山区等。中等水平可达性的地区

有赤峰市松山区、乌兰察布市四子王旗、察哈尔右翼后旗、兴和县、集宁区、卓资县、凉城县、呼和浩特市和林格尔县、托克托县、清水河县、武川县、包头市固阳县、乌拉特前旗、鄂尔多斯市准格尔旗、东胜区、伊金霍洛旗、巴彦淖尔市乌拉特前旗、杭锦后旗。中上水平可达性的地区有鄂尔多斯市达拉特旗、呼和浩特市土默特左旗、包头市土默特右旗。高水平可达性的地区有呼和浩特市赛罕区、新城区、回民区、玉泉区、包头市九原区、石拐区。

表7-3　以居民可支配收入作为节点经济水平的可达性空间分布

可达性水平	水平区间	区域
低水平	≤39.67	鄂伦春自治旗、阿拉善右旗、额济纳旗、根河市、莫力达瓦达斡尔族自治旗、阿荣旗、扎兰屯市、新巴尔虎右旗、额尔古纳市、牙克石市、阿尔山市、满洲里市、新巴尔虎左旗、阿拉善左旗、科尔沁左翼中旗、扎赉特旗、扎赉诺尔区、库伦旗、科尔沁左翼后旗、霍林郭勒市、陈巴尔虎旗、开鲁县、科尔沁区、科右中旗、乌兰浩特市、突泉县、奈曼旗、东乌珠穆沁旗、宁城县、扎鲁特旗
中下水平	39.67～59.47	鄂托克前旗、西乌珠穆沁旗、阿鲁科尔沁旗、海拉尔区、巴林左旗、鄂温克族自治旗、敖汉旗、二连浩特市、元宝山区、克什克腾旗、阿巴嘎旗、锡林浩特市、多伦县、林西县、巴林右旗、喀喇沁旗、苏尼特左旗、翁牛特旗、正镶白旗、乌审旗、乌拉特中旗、太仆寺旗、正蓝旗、科右前旗、镶黄旗、白云矿区、磴口县、乌拉特后旗、化德县、苏尼特右旗、杭锦旗、乌达区、海勃湾区、五原、海南区、商都县、红山区、丰镇市、达尔罕茂明安联合旗、临河
中等水平	59.47～79.27	察右后旗、杭锦后旗、四子王旗、兴和县、清水河县、伊金霍洛旗、乌拉特前旗、武川县、察右中旗、松山区、准格尔旗、凉城县、集宁区、东胜区、察右前旗、固阳县、托克托县、和林格尔县、卓资县
中上水平	79.27～99.07	土默特右旗、达拉特旗、土默特左旗、昆都仑
高水平	>99.07	东河区、石拐区、九原区、回民区、玉泉区、新城区、赛罕区、鄂托克旗

概括可达性空间分布特征，如下：三个不同经济发展水平指标下的可达性空间分布均呈现出高分区连接、密集，有着显著的中心外围，中高、东西低的特征。高水平可达性地区在可达性中下、中等、中上水平密集区域围绕的状态下呈现出双核结构，分别集中在呼和浩特市市区、包头市九原区及乌兰察布市化德县、锡林郭勒盟正蓝旗。呼和浩特市与包头市呈现核心地区的原因有以下两种：一是呼和浩特市是内蒙古自治区首府；二是内蒙古自治区域内早已形成以呼和浩特市、包头市、鄂尔多斯市为主的经济三角区；包头市和呼和浩特市相较于其他地级行政区离北京市近等绝对的区位优势潜力值，让其具备较高的经济实力与可达性水平。以社会消费品零售总额计算的可达性分布结果中，蒙中地区锡林郭勒盟正蓝旗和乌兰察布市化

德县的区位优势潜力值是使得其处于高水平可达性的主要原因。

由于两个实证部分的加权平均旅行时间模型和区位优势潜力模型有着互补关系，其两个可达性水平值分布格局相同，证明空间计量分析能够切实地反映内蒙古101个县级行政区的可达性对经济发展水平的空间效应。

7.2.2 空间自相关分析结果

在建立空间计量经济学模型之前，首先要对各指标之间的空间相关关系进行分析并确定空间权重矩阵 W。因此，利用Stata15.1软件分别对101个县级行政区的地区生产总值、社会消费品零售总额、居民可支配收入三个经济指标计算空间自相关指数（Moran's I），用以分析经济指标的空间关联时间尺度。由于内蒙古东西狭长、面积广、县级行政区节点间的距离大，故选取2小时作为时间跨度，将县级行政区间的时间距离2h、4h、6h、8h、10h、12h、14h、16h、18h、20h、22h、24h作为阈值设置空间权重矩阵，计算三个经济指标的莫兰值（见表7-4、图7-1）。

表 7-4　经济水平指标的 Moran's I 值

阈值/h	地区生产总值		社会消费品零售总额		居民可支配收入	
	Moran's I	p值	Moran's I	p值	Moran's I	p值
2	0.398 1	0.000	0.238 6	0.000	0.473 6	0.000
4	0.230 7	0.000	0.082 2	0.000	0.283 7	0.000
6	0.139 6	0.000	0.023 5	0.000	0.187 1	0.000
8	0.095 9	0.000	0.006 3	0.000	0.149 9	0.000
10	0.081 4	0.000	0.001 7	0.000	0.124 2	0.000
12	0.053 9	0.000	−0.000 9	0.000	0.103 0	0.000
14	0.039 9	0.000	−0.000 8	0.000	0.076 7	0.000
16	0.035 1	0.000	−0.000 2	0.000	0.056 5	0.000
18	0.031 0	0.000	−0.002 0	0.000	0.027 7	0.000
20	0.024 6	0.000	−0.001 7	0.000	0.014 4	0.000
22	0.014 3	0.000	−0.001 0	0.000	0.007 8	0.000
24	0.003 8	0.000	−0.000 6	0.000	0.006 3	0.000

经济发展水平指标随着时间阈值的增长，空间聚集逐渐趋向于空间分散。1%显著性水平下，地区生产总值、社会消费品零售总额、居民可支配收入在2至24小时的时间阈值下均通过显著性检验，地区生产总值和居民可支配收入指标在小于等于

4小时旅行时间阈值下莫兰值均大于0.2，社会消费品零售总额在2小时阈值下莫兰值大于0.2，因此可以认为，经济发展水平在空间上具有明显的正相关性。其中，社会消费品零售总额大于等于12小时的阈值下莫兰值为负，具体数值均小于0.1。

内蒙古自治区101个县级行政区的经济发展水平呈现出随着时间距离阈值的增长，空间关联性逐渐减弱的趋势。三个经济发展水平指标的莫兰值在旅行时间距离阈值2小时的时候最大，分别为0.398 1、0.238 6、0.473 6，且均通过0.01显著性水平检验，经济发展水平在2小时时间距离阈值下具有强烈正相关。因此，在参考三个经济指标的莫兰值的基础上，截取8小时的时间距离阈值，按2、4、6、8小时的时间距离阈值设置空间权重矩阵进行空间计量分析。

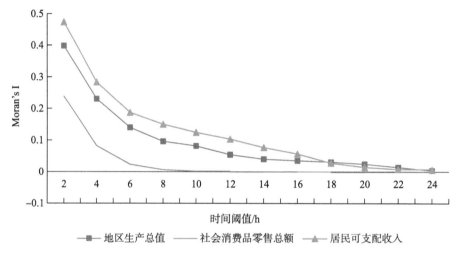

图 7-1　经济指标的莫兰指数曲线图

7.2.3　可达性与经济发展水平的空间计量分析结果

根据上文空间自相关莫兰值分析结果，1%显著性水平下，在2~4小时的时间距离阈值下地区生产总值、居民可支配收入的空间强正相关（moran's I ≥ 0.2）；在2小时的时间距离阈值下，社会消费品零售总额的空间强正相关。接下来根据式（7-7），利用Stata软件分析可达性、行政单位等级、离北京的时间距离对经济水平的空间效应。

表7-5至表7-7分别是以地区生产总值、社会消费品零售总额、居民可支配收入作为因变量，以可达性、地区行政等级、离北京的距离作为解释变量的空间滞后模型。构建三个空间滞后模型，旨在明确可达性从地区总体、社会和居民三个不同

角度的经济发展水平，诠释可达性对经济发展水平的空间效应。

表 7-5　可达性对地区生产总值的空间效应回归结果

因变量：地区生产总值	2h		4h		6h		8h	
自变量	系数	p值	系数	p值	系数	p值	系数	p值
WM	0.016 7***	0.000	0.008 3***	0.000	0.006 3***	0.000	0.003 7**	0.039
旗县区行政等级	0.591 7***	0.004	0.677 6***	0.001	0.708 0***	0.000	0.731 4***	0.001
距离北京	0.000 1	0.709	0.000 3	0.178	0.000 4*	0.098	0.000 2	0.491
常数项	4.044 4***	0.000	3.649 7***	0.000	3.334 3***	0.000	3.688 2***	0.000
Log-Likelihood	−113.363 9		−110.028 7		−112.698		−118.325 5	
R^2	0.974 4		0.975 9		0.975 5		0.972 7	

注：*、**、***分别表示在10%、5%、1%水平下显著。

表 7-6　可达性对社会消费品零售总额的空间效应回归结果

因变量：社会消费品零售总额	2h		4h		6h		8h	
自变量	系数	p值	系数	p值	系数	p值	系数	p值
WM	0.013 0***	0.153	0.004 2	0.306	0.001 7	0.657	−0.000 3	0.937
旗县区行政等级	1.204 7***	0.000	1.275 2***	0.000	1.294 9***	0.000	1.307 8***	0.000
距离北京	−0.000 4	0.213	−0.000 4	0.245	−0.000 5	0.238	−0.000 6	0.191
常数项	3.123 3***	0.000	3.143 6***	0.000	3.288 8***	0.000	3.632 0***	0.000
Log-Likelihood	−159.829 3		−160.295 2		−160.713 7		−160.808 3	
R^2	0.885 3		0.884 6		0.884 1		0.883 3	

注：*、**、***分别表示在10%、5%、1%水平下显著。

表 7-7　可达性对居民可支配收入的空间效应回归结果

因变量：居民可支配收入	2h		4h		6h		8h	
自变量	系数	p值	系数	p值	系数	p值	系数	p值
WM	0.001 1	0.220	0.000 7**	0.060	0.001 1***	0.001	0.001 4***	0.000
旗县区行政等级	0.277 3***	0.001	0.284 5***	0.001	0.278 3***	0.000	0.270 3***	0.001
距离北京	0.000 2***	0.010	0.000 3***	0.003	0.000 4***	0.000	0.000 6***	0.000
常数项	9.989 8***	0.000	9.892 2***	0.000	9.565 3***	0.000	9.209 4***	0.000
Log-Likelihood	−23.044 3		−22.050 8		−18.169 1		−15.898 1	
R^2	0.999 1		0.999 1		0.999 2		0.999 3	

注：*、**、***分别表示在10%、5%、1%水平下显著。

（1）由表7-5至表7-7空间计量模型结果显示，内蒙古自治区101个旗县区的经济发展水平在一定旅行时间阈值范围内具有空间依赖性。模型中的空间滞后项 WM 同时也代表可达性，其系数 a 为空间效应系数，也是可达性的系数。由模型的系数可以看出，可达性对经济水平的影响会随着旅行时间阈值的增加而减少。地区生产总值和社会消费品零售总额均在2小时旅行时间阈值下的可达性系数最高，分别为0.016 7、0.013 0，均通过1%水平下的显著性检验。从模型的拟合系数来看，以地区生产总值作为因变量的模型在4小时旅行时间阈值下的拟合系数最高，R^2 值为0.975 9；以社会消费品零售总额作为因变量的模型在2小时旅行时间阈值下的拟合系数最高，R^2 为0.885 3；以居民可支配收入为因变量的模型在8小时旅行时间阈值下的拟合系数最高，R^2 为0.999 3。与上文空间自相关分析结果相比，加入影响经济水平的行政单元等级、离北京的距离等两个因素后，虽然空间滞后模型的拟合值相差不多，但经济水平的空间关联尺度有明显的变化。

（2）三个经济指标中，社会消费品零售总额比地区生产总值与居民可支配收入更趋向于空间分散。通常认为地区经济水平、社会消费品流通、人民的生活水平在空间上应该是匹配的，具有相同的拟合结果。但实证分析中却显示，可达性对社会消费品零售总额的空间效应系数在2~8小时的旅行时间阈值下均不显著，居民可支配收入的空间效应系数在2小时的旅行时间阈值下不显著。其中地区生产总值在2小时旅行时间阈值的可达性影响系数（空间效应系数）是4小时旅行时间阈值下的空间效应系数的两倍。原因有以下两种：一是内蒙古地域辽阔，不同地区的人民生活习惯不同，伴随着其社会消费品的消耗能力有着很大的差距；二是各地区位优势潜力值不同，带动地区经济发展的产业不同（如鄂尔多斯市煤矿产丰富、锡林郭勒盟旅游业和牧业发达），其社会集团公共消费品的商品也会有所差异。

（3）内蒙古自治区不同地区经济水平的空间分布呈现马太效应。从模型结果来看，不论时间阈值取多少，其行政等级一直处于高度显著水平。可以理解为，县级行政区发展具有一定的惯性，在区域经济发展中，政府与地区生产活动参与者将有利于区域发展的优惠政策或将生产、生活活动目的地放在自治区或地级行政区政府驻地及其附近区域。因此自治区或地级市政府所在县级行政区的经济水平比相较于其他县级行政区高。

（4）北京市对内蒙古各县级行政区总体经济水平的作用在6小时旅行时间阈值下显著；对社会消费品零售总额的影响微乎其微。离北京市距离指标对居民可支配收入在任何时间阈值下的影响均显著，说明地区可达性对当地居民可支配收入有着空间溢出效应，在8小时旅行时间阈值下系数最高，系数值为0.0006。北京市的经济实力、科技水平、发展程度影响周围地区收益，使得居民可支配收入提升。

（5）对于大多数县级行政区来说，对与其旅行距离2小时范围内的其他城镇的经济有着显著的影响作用。可达性水平对地区总产值的影响均显著，随着时间阈值的增长，其影响逐渐减小。如果区域能够完善交通基础设施，使两个县级行政区间的旅行时间距离越来越短，这将有助于区域间的交流及增加区域间的相互影响程度，有利于区域经济发展。

7.3 本章小结

本章从县级行政区可达性对经济发展水平的空间效应实证分析了内蒙古自治区可达性与经济水平的关系。本章以内蒙古自治区101个县级行政区作为研究节点（因数据难获取等问题没有考虑稀土高新区、康巴什区、乌拉盖管理区等少数旗县区），基于区位优势潜力模型构建包含可达性与经济发展水平的空间计量模型，从评价节点的经济区位角度验证地区可达性、行政单元等级、离北京市的距离等因素对经济发展水平的空间效应。最后得出结论：社会消费品零售总额比地区生产总值与居民可支配收入更趋向于空间分散；内蒙古自治区不同地区经济发展水平的空间分布呈现马太效应，即县级行政区发展具有一定的惯性，地区可达性对当地居民可支配收入有着空间溢出效应。

8　结论与展望

8.1 研究结论

8.1.1 内容总结

文章在现有研究的基础上，首先通过对综合交通运输、可达性与经济相关文献进行梳理，发现目前交通可达性研究方法和尺度上均存在完善空间。包括加权平均旅行时间模型的经济中心节点吸引力指标单一；在综合交通可达性研究中，大多选择一、二线城市、省级区域作为研究区域，缺少针对边疆地区县区级的可达性分析；在可达性对经济影响研究方面，缺少对其空间依赖性、空间效应分析。针对上述问题，本研究在研究交通可达性和经济之间的关系时主要将其分为两个部分：一是以12个地级行政区为研究节点，综合考虑公路、铁路、航空交通计算区域可达性、经济发展水平及二者的耦合协调程度；二是以101个旗县区为节点构建空间计量模型分析可达性对区域经济发展的空间效应。

本研究使用灰色关联度分析法和脱钩效应分析法分别对内蒙古综合交通运输业发展和经济发展的两个系统各因素之间对彼此的影响程度和脱钩状态进行分析。其中，通过熵值法计算综合交通运输业发展和经济发展权重，进行加权叠加得到区域综合交通运输业发展和经济发展水平值。通过定性比较分析法探讨综合交通运输业对基于加权平均旅行时间模型求出的综合交通可达性的具体影响过程。在研究交通可达性和经济之间的关系时：首先从交通可达性的计算尺度将综合交通可达性分为对内可达性和对外可达性，又将对内可达性分为地级行政区内部可达性和地级行政区间可达性；对内可达性的计算主要基于加权平均旅行时间模型，本研究对其经济中心节点的吸引力指标进行了改进，选择了人口数指标表征人流，第二、第三产业生产总值表征经济流，一般公共预算收入、居民可支配收入等指标表征资金流，社会消费品零售总额表征贸易流；对外可达性主要利用交通基础设施进行等级赋值后测算评分值。其次基于耦合协调度模型测算12个地级行政区交通可达性与经济发展水平的耦合协调指数。最后基于区位优势潜力模型构建包含可达性与经济发展水平的空间计量模型，选择地区生产总值、社会消费品零售总额和居民可支配收入等经济指标作为因变量，分析可达性对其的空间效应。

8.1.2 主要结论

1.盟市间可达性水平与经济发展水平存在显著差异，总体发展失衡

12个地级行政区交通可达性水平高低不一，按可达性等级划分，枢纽型城市有呼和浩特市、鄂尔多斯市；副枢纽型城市有包头市、乌海市；交通便捷型地级行政区有呼伦贝尔市、锡林郭勒盟、乌兰察布市；交通发展型地级行政区有通辽市、赤峰市、巴彦淖尔市；交通落后型城市有兴安盟和阿拉善盟。将12个地级行政区按交通可达性与经济规模指数的耦合协调度值划分，处于高水平耦合协调阶段的有鄂尔多斯市；处于良好耦合协调阶段的有呼和浩特市、包头市；处于磨合阶段的有呼伦贝尔市、通辽市、赤峰市、锡林郭勒盟、乌海市；处于拮抗耦合阶段的有兴安盟、乌兰察布市、巴彦淖尔市、阿拉善盟。基于区位优势潜力模型，根据三个不同经济水平指标计算的可达性空间分布均呈现出高分区连接、密集，有着显著的中心外围，中高、东西低的特征。高水平可达性地区在可达性中下、中等、中上水平密集区域围绕的状态下呈现出双核结构，分别集中在呼和浩特市市区、包头市九原区及乌兰察布市化德县、锡林郭勒盟正蓝旗。

2.交通可达性水平与经济发展水平具有同步趋升一致性

多数交通可达性水平高的地级行政区，其经济规模指数也高，说明交通与经济发展具有同步趋升一致性。其中也存在个别地级行政区的经济规模指数与交通可达性水平错位现象，如赤峰市和阿拉善盟，交通基础设施建设在一定程度上限制了经济发展；乌兰察布市的经济发展滞后于交通建设。

3.交通与经济有较强的关联性，二者协调发展还有较大的提升空间

内蒙古自治区12个地级行政区中的交通可达性与经济发展水平的耦合度指数均在0.5以上，有着良好的耦合度，说明交通可达性、交通运输与区域经济发展水平有着紧密的关联性，系统间的相互作用程度良好；地级行政区间的经济水平差距较大，有呈现马太效应的趋势；可达性与经济发展水平协调指数最高的是鄂尔多斯市，最低的是兴安盟，说明12个地级行政区中除了鄂尔多斯市，其余地级行政区的经济与交通可达性间的协同作用力或整体贡献水平不高；耦合协调度方面，仅鄂尔多斯市、呼和浩特市、包头市的值大于0.5，说明12个地级行政区中9个地级行政区的经济与交通可达性都处于较低程度的协调阶段。从三个指数的计算结果可以总结出，各地级行政区经济与交通可达性的耦合协调指数高低不一，其交通与经济协调发展还有很大的提升空间。

4.各地区综合交通运输发展与经济发展各因素之间影响不同

呼和浩特市综合交通运输发展水平各要素对经济发展水平的影响程度排名前三的分别为：人均城市道路面积、每万人拥有公路里程数、每万人拥有公共汽车辆。经济发展水平各要素对综合交通运输发展水平的影响程度排名前三的分别为：人均生产总值、地区生产总值、全社会固定资产投资额。乌海市交通因素对经济影响程度排名前三的分别为：每万人拥有公路里程数、每万人拥有公共汽车辆、公路货物周转量。经济因素对交通影响排名前三的分别为：人均生产总值、地区生产总值、人均社会消费品零售额。鄂尔多斯市交通因素对经济影响程度排名前三的分别为：每万人拥有公路里程数、交通事故发生数、人均城市道路面积；经济因素对交通影响排名前三的分别为：全社会固定资产投资额、城镇人均可支配收入、人均地方财政收入。兴安盟交通因素对经济影响程度排名前三的分别为：每万人拥有公路里程数、人均城市道路面积、交通事故死亡人数。经济因素对交通影响排名前三的分别为：地区生产总值、全社会固定资产投资额、人均生产总值。内蒙古平均交通因素对经济影响程度排名前三的分别为：人均城市道路面积、科技信息与文献机构数、每万人拥有公路里程数。经济因素对交通影响排名前三的分别为：全社会固定资产投资额、城镇人均可支配收入、人均生产总值。各地区把握好自身发展特点，因地制宜，协调好综合交通运输业发展与经济发展之间的关系。

5.县级节点间的旅行时间越短，经济指标的空间关联性越强

在经济指标的空间自相关分析中，内蒙古自治区101个旗县区的经济水平呈现出随着旅行时间距离阈值的增长，空间关联性呈现逐渐减弱的趋势。三个经济指标的莫兰值在时间距离阈值2小时的时候最大，分别为0.398 1、0.238 6、0.473 6，且均通过置信度为0.01的显著性检验，经济水平在2小时时间距离阈值下具有强烈正相关。

6.区域发展具有一定的惯性，可达性对区域总体经济发展水平有着正向影响，但其影响程度随着节点间的旅行时间的增加而减弱

在区域经济发展中，政府与地区生产活动参与者将有利于区域发展的优惠政策或将生产、生活活动目的地放在自治区或地级行政区级政府驻地及其附近区域，使得自治区或地级市政府所在旗县的经济水平相较于其他旗县高。模型中的空间滞后项 WM 同时也代表着可达性，其系数 a 为空间效应系数，也是可达性的系数，回归结果中，以地区生产总值作为节点经济发展水平的可达性系数在1%的水平下显著，因此认为可达性对区域总体经济发展有着正向影响。

7.区域离北京市的距离因素对居民可支配收入有着显著影响

县级行政区离北京市的距离因素对居民可支配收入在任何时间阈值下的影响均显著，说明地区可达性水平对当地居民可支配收入有着空间溢出效应。北京市的经济实力、科技水平、发展程度影响着周围地区居民收益，使得居民可支配收入提升。

8.2 建议

根据本研究研究结果，立足于内蒙古交通与经济的发展现状，对内蒙古各级行政区交通建设和经济发展提出以下建议。

1.解决发展不平衡问题应从经济与交通发展处于拮抗阶段的地区入手

提升经济发展水平，完善交通基础建设，解决内蒙古自治区发展不平衡问题可以从经济发展与交通建设处于拮抗阶段的地级行政区入手，推动交通建设与经济发展水平的平衡协调发展，注重对内、对外可达性同时提升。对于经济发展水平与交通可达性水平不平衡的鄂尔多斯市，应从对内可达性入手建设、完善地区交通基础设施。对于交通可达性水平较高、经济发展水平较低的锡林郭勒盟进行适当的引导，加以政策性的支持。

2.因地制宜制定交通与经济协调发展对策

内蒙古特殊的自然地理结构、道路条件和经济发展水平决定了内蒙古交通运输业的发展不可能全面开展。为了更好地发展内蒙古的交通和经济，必须根据各联盟城市的自然地理结构和区域经济发展水平，循序渐进地开展。先发展的地区带动后发展地区，最终实现全区交通的均衡发展。通过交通基础设施的差异化发展，可以将交通的发展与自治区的经济活动有效地联系起来，充分发挥交通在自治区经济运行中的重要作用，更好地促进交通运输与区域经济协调发展。

3.充分利用特殊区位优势，合理布局，完善农村客运网络

内蒙古自治区"内联八省区、外接俄蒙"，蒙西、蒙中、蒙东地区均有经济发展水平较高的地级行政区，应充分利用特殊区位优势，强化对内可达性、对外可达性。一方面，增强周围地区间的贸易往来；另一方面，区内经济、交通发展水平较高的地级行政区应充分发挥对周边落后地区的带动作用。各地级行政区应合理布局、完善农村客运网络，按需规划建设，提高农村客运网络化密度及线路里程的充分利用率。

4.国际口岸较多的地区应积极融入"一带一路"倡议框架，蒙东地区应积极融入"东北振兴"圈子

呼伦贝尔市、锡林郭勒盟等国际口岸较多的地区应充分发挥地缘优势，在大力发展对外可达性的基础上积极融入"一带一路"倡议框架。鄂尔多斯市应着力于完善市级高速，解决出口通道等级低、路况差等问题，积极向"呼包银榆城市群"发展。蒙东地区应积极融入"东北振兴"圈子，促进自身的发展。

5.完善铁路基础设施网络，提高客运、货运服务效率

建设具有自治区特色、经济高效的现代铁路客运货运体系，完善国内外客运运输体系，建立绿色城市配送体系。加快建成高速铁路网，完善国家中长期"八纵八横"高速铁路网。

6.发展多式联运

注重于优化多种运输方式之间的合作，构建高效多式联运服务体系仍是必不可少的。就目前而言，各种运输方式之间的联系存在不同长的问题，信息资源也是非常分散，从而造成大量长距离、跨区域的公路运输现象。多式联运通过加强不同运输方式之间的合作，可以更好地提高交通运输效率，以便降低运输成本。

8.3 研究不足与展望

内蒙古自治区作为中国北部边疆，背负着内外连通、守护、发展边疆的重任。在区域发展问题上，不仅要从自身找问题，还要注重与周边地区协调发展。本书从内蒙古综合交通运输发展现状、经济发展现状、交通可达性出发分析三者之间的关系。其中，在内蒙古可达性与经济发展关系时，分别从综合交通与区位优势两个角度分析了可达性与经济发展水平的耦合协调关系、空间格局和空间效应，有助于在深刻认识地级行政区级、县区级可达性与经济不平衡、不充分的发展情况的基础上，基于实证结论提出相应的对策。但本研究仍存在一些不足和改进之处。

1.继续完善可达性与经济发展水平的计量理论推导，增加影响要素

本研究尝试将区位优势潜力模型推导为没有时间序列的经典空间滞后模型进行了分析，但是对于度量可达性的其他模型进而推导为计量模型尚显能力不足、认识水平不到位。在本研究实证分析中由于客观原因，只能收集到少量数据指标，空间计量模型的影响因素较少，后期研究者可尝试将不同的影响因素考虑进来，进一步完善研究模型。

2.尝试从不同角度分析综合交通可达性，深度探索可达性带来的不同影响

本研究基于横截面数据对可达性与经济发展水平的空间效应进行了分析，只有横向对比的结果，缺少了基于时间序列数据和面板数据的分析和研究结果的纵向对比。后续研究者可以针对可达性与经济的空间计量研究，考虑面板数据、扩充影响指标。交通可达性指标方面还可以考虑动态指标，如铁路里程、机场通航水平等，进行更加全面的分析。

3.利用大数据、流数据进行可达性分析

衡量节点间的可达性水平、区域的交通可达性水平时最好的数据不是以节点为单位的点数据，而是实时更新、实时流动的数据。当前大数据发展逐渐成熟，后期研究者可考虑利用交通大数据和流数据，将静态指标转变为动态指标对可达性进行分析。

附　录

附表 1　包头市综合交通运输业发展各要素对经济发展的关联度矩阵

经济指标	交通指标												
	Y11	Y12	Y13	Y21	Y22	Y23	Y31	Y32	Y33	Y34	Y41	Y42	Y43
X1	0.555	0.535	0.504	0.725	0.636	0.647	0.716	0.690	0.656	0.621	0.672	0.687	0.669
X2	0.582	0.555	0.514	0.706	0.631	0.638	0.747	0.699	0.665	0.630	0.658	0.677	0.685
X3	0.481	0.475	0.444	0.698	0.555	0.626	0.590	0.524	0.631	0.601	0.585	0.644	0.757
X4	0.594	0.518	0.506	0.732	0.682	0.521	0.625	0.711	0.646	0.607	0.802	0.717	0.717
X5	0.864	0.822	0.721	0.593	0.665	0.737	0.694	0.673	0.721	0.668	0.652	0.618	0.718
X6	0.683	0.806	0.817	0.558	0.633	0.708	0.656	0.563	0.702	0.670	0.577	0.599	0.838
X7	0.797	0.788	0.732	0.599	0.631	0.809	0.639	0.644	0.732	0.674	0.680	0.651	0.779
X8	0.640	0.632	0.726	0.600	0.729	0.646	0.815	0.620	0.696	0.723	0.584	0.593	0.722
对经济发展的影响	5.196	5.131	4.964	5.211	5.162	5.332	5.482	5.124	5.449	5.194	5.210	5.186	5.885
比较优势度排序	7	11	13	5	10	4	2	12	3	8	6	9	1

附表 2　包头市经济发展各要素对综合交通运输业发展的关联度矩阵

交通指标	经济指标							
	X1	X2	X3	X4	X5	X6	X7	X8
Y11	0.811	0.827	0.752	0.833	0.958	0.893	0.927	0.853
Y12	0.761	0.777	0.713	0.766	0.930	0.935	0.911	0.827
Y13	0.703	0.716	0.662	0.717	0.867	0.923	0.862	0.847
Y21	0.769	0.757	0.755	0.788	0.669	0.641	0.663	0.662
Y22	0.718	0.718	0.663	0.764	0.749	0.729	0.715	0.793
Y23	0.551	0.562	0.522	0.583	0.675	0.713	0.652	0.637
Y31	0.865	0.884	0.800	0.825	0.866	0.845	0.832	0.926
Y32	0.880	0.887	0.790	0.894	0.885	0.831	0.867	0.846
Y33	0.635	0.649	0.622	0.640	0.716	0.703	0.719	0.680
Y34	0.635	0.649	0.631	0.637	0.695	0.702	0.689	0.732
Y41	0.829	0.826	0.773	0.909	0.824	0.780	0.828	0.771
Y42	0.744	0.739	0.715	0.783	0.702	0.687	0.718	0.671
Y43	0.734	0.736	0.740	0.786	0.828	0.836	0.854	0.771
对综合交通运输业发展的影响	9.635	9.727	9.138	9.925	10.364	10.218	10.237	10.016
比较优势度排序	7	6	8	5	1	3	2	4

附表 3　呼伦贝尔市综合交通运输业发展各要素对经济发展的关联度矩阵

经济指标	交通指标												
	Y11	Y12	Y13	Y21	Y22	Y23	Y31	Y32	Y33	Y34	Y41	Y42	Y43
X1	0.781	0.631	0.576	0.750	0.557	0.578	0.694	0.740	0.673	0.630	0.696	0.698	0.638
X2	0.805	0.618	0.567	0.754	0.563	0.574	0.667	0.714	0.645	0.616	0.687	0.703	0.647
X3	0.746	0.668	0.604	0.707	0.546	0.599	0.725	0.725	0.746	0.677	0.719	0.679	0.648
X4	0.664	0.490	0.509	0.764	0.628	0.517	0.500	0.519	0.485	0.532	0.662	0.670	0.579
X5	0.579	0.846	0.761	0.620	0.718	0.704	0.618	0.639	0.661	0.787	0.758	0.642	0.697
X6	0.557	0.905	0.749	0.623	0.712	0.705	0.592	0.602	0.637	0.801	0.781	0.615	0.703
X7	0.679	0.756	0.635	0.691	0.641	0.629	0.797	0.773	0.675	0.778	0.725	0.689	0.645
X8	0.674	0.624	0.619	0.705	0.653	0.637	0.517	0.527	0.599	0.572	0.701	0.718	0.701
对经济发展的影响	5.485	5.538	5.020	5.614	5.018	4.943	5.110	5.239	5.121	5.393	5.729	5.414	5.258
比较优势度排序	4	3	11	2	12	13	10	8	9	6	1	5	7

附表 4　呼伦贝尔市经济发展各要素对综合交通运输业发展的关联度矩阵

交通指标	经济指标							
	X1	X2	X3	X4	X5	X6	X7	X8
Y11	0.912	0.919	0.891	0.852	0.778	0.778	0.851	0.860
Y12	0.841	0.831	0.857	0.762	0.933	0.933	0.892	0.827
Y13	0.788	0.779	0.797	0.748	0.875	0.875	0.814	0.796
Y21	0.845	0.848	0.807	0.871	0.725	0.725	0.793	0.811
Y22	0.780	0.783	0.759	0.826	0.829	0.829	0.802	0.828
Y23	0.663	0.658	0.667	0.619	0.735	0.735	0.685	0.705
Y31	0.907	0.897	0.910	0.835	0.860	0.860	0.936	0.819
Y32	0.919	0.909	0.907	0.838	0.860	0.860	0.927	0.820
Y33	0.896	0.883	0.918	0.805	0.879	0.879	0.890	0.846
Y34	0.844	0.835	0.860	0.793	0.902	0.902	0.900	0.796
Y41	0.578	0.569	0.581	0.561	0.587	0.587	0.579	0.575
Y42	0.869	0.871	0.848	0.858	0.813	0.813	0.847	0.872
Y43	0.720	0.725	0.716	0.681	0.737	0.737	0.709	0.768
对综合交通运输业发展的影响	10.562	10.507	10.518	10.049	10.513	10.513	10.625	10.323
比较优势度排序	2	6	3	8	4	5	1	7

附表 5　通辽市综合交通运输业发展各要素对经济发展的关联度矩阵

经济指标	交通指标												
	Y11	Y12	Y13	Y21	Y22	Y23	Y31	Y32	Y33	Y34	Y41	Y42	Y43
X1	0.626	0.605	0.625	0.797	0.716	0.631	0.674	0.605	0.647	0.623	0.69	0.686	0.656
X2	0.616	0.597	0.616	0.798	0.716	0.629	0.661	0.599	0.638	0.612	0.699	0.687	0.665
X3	0.6	0.551	0.62	0.707	0.678	0.611	0.598	0.517	0.626	0.581	0.524	0.626	0.631
X4	0.526	0.456	0.528	0.733	0.662	0.571	0.504	0.443	0.521	0.472	0.711	0.584	0.646
X5	0.665	0.682	0.767	0.58	0.696	0.812	0.544	0.562	0.737	0.629	0.673	0.685	0.721
X6	0.784	0.795	0.804	0.632	0.698	0.777	0.583	0.657	0.708	0.708	0.563	0.727	0.702
X7	0.829	0.821	0.815	0.705	0.661	0.729	0.671	0.729	0.809	0.798	0.644	0.73	0.732
X8	0.752	0.605	0.771	0.745	0.882	0.715	0.516	0.512	0.646	0.63	0.62	0.674	0.696
对经济发展的影响	5.398	5.112	5.546	5.697	5.709	5.475	4.751	4.624	5.332	5.053	5.124	5.399	5.449
比较优势度排序	7	10	3	2	1	4	12	13	8	11	9	6	5

附表 6　通辽市经济发展各要素对综合交通运输业发展的关联度矩阵

交通指标	经济指标							
	X1	X2	X3	X4	X5	X6	X7	X8
Y11	0.787	0.784	0.758	0.715	0.809	0.87	0.895	0.863
Y12	0.786	0.784	0.74	0.698	0.825	0.891	0.903	0.79
Y13	0.755	0.753	0.737	0.691	0.85	0.862	0.869	0.858
Y21	0.847	0.852	0.77	0.818	0.665	0.688	0.755	0.807
Y22	0.788	0.793	0.75	0.755	0.766	0.746	0.724	0.919
Y23	0.538	0.544	0.509	0.517	0.7	0.642	0.603	0.624
Y31	0.846	0.842	0.785	0.768	0.734	0.758	0.828	0.749
Y32	0.807	0.806	0.741	0.725	0.762	0.811	0.865	0.758
Y33	0.765	0.762	0.736	0.688	0.82	0.791	0.868	0.769
Y34	0.798	0.794	0.758	0.704	0.793	0.835	0.892	0.806
Y41	0.728	0.736	0.699	0.824	0.616	0.616	0.663	0.652
Y42	0.785	0.79	0.731	0.734	0.772	0.793	0.801	0.783
Y43	0.691	0.705	0.663	0.756	0.674	0.682	0.729	0.681
对综合交通运输业发展的影响	9.921	9.945	9.377	9.393	9.786	9.985	10.395	10.059
比较优势度排序	5	4	8	7	6	3	1	2

附表 7　赤峰市综合交通运输业发展各要素对经济发展的关联度矩阵

经济指标	交通指标												
	Y11	Y12	Y13	Y21	Y22	Y23	Y31	Y32	Y33	Y34	Y41	Y42	Y43
X1	0.736	0.779	0.793	0.715	0.630	0.642	0.750	0.750	0.616	0.644	0.585	0.745	0.708
X2	0.727	0.772	0.814	0.714	0.635	0.640	0.769	0.769	0.611	0.635	0.608	0.756	0.709
X3	0.842	0.749	0.727	0.674	0.609	0.685	0.650	0.650	0.711	0.750	0.574	0.648	0.692
X4	0.559	0.493	0.541	0.756	0.594	0.557	0.505	0.505	0.488	0.462	0.596	0.555	0.746
X5	0.843	0.696	0.621	0.613	0.703	0.743	0.564	0.564	0.779	0.882	0.576	0.583	0.714
X6	0.808	0.697	0.643	0.616	0.707	0.736	0.571	0.571	0.785	0.867	0.570	0.578	0.714
X7	0.699	0.776	0.793	0.658	0.673	0.676	0.686	0.686	0.666	0.725	0.715	0.679	0.747
X8	0.837	0.670	0.703	0.651	0.731	0.709	0.643	0.643	0.732	0.732	0.566	0.636	0.673
对经济发展的影响	6.051	5.632	5.635	5.397	5.282	5.388	5.138	5.138	5.388	5.697	4.790	5.180	5.703
比较优势度排序	1	5	4	6	9	7	11	12	8	3	13	10	2

附表 8　赤峰市经济发展各要素对综合交通运输业发展的关联度矩阵

交通指标	经济指标							
	X1	X2	X3	X4	X5	X6	X7	X8
Y11	0.800	0.790	0.899	0.691	0.893	0.873	0.768	0.889
Y12	0.897	0.888	0.888	0.751	0.859	0.862	0.894	0.839
Y13	0.907	0.914	0.876	0.784	0.822	0.830	0.908	0.856
Y21	0.752	0.748	0.732	0.838	0.681	0.682	0.698	0.710
Y22	0.763	0.765	0.765	0.775	0.817	0.820	0.789	0.842
Y23	0.554	0.549	0.625	0.532	0.681	0.671	0.582	0.646
Y31	0.890	0.896	0.842	0.793	0.800	0.801	0.860	0.829
Y32	0.890	0.896	0.842	0.793	0.800	0.801	0.860	0.829
Y33	0.694	0.685	0.796	0.627	0.844	0.850	0.730	0.802
Y34	0.764	0.754	0.857	0.662	0.934	0.931	0.819	0.836
Y41	0.754	0.763	0.760	0.798	0.763	0.757	0.836	0.746
Y42	0.871	0.875	0.823	0.806	0.787	0.784	0.838	0.809
Y43	0.670	0.668	0.680	0.755	0.699	0.697	0.708	0.657
对综合交通运输业发展的影响	10.206	10.191	10.385	9.605	10.380	10.359	10.290	10.290
比较优势度排序	6	7	1	8	2	3	4	5

附表 9　锡林郭勒盟综合交通运输业发展各要素对经济发展的关联度矩阵

经济指标	交通指标												
	Y11	Y12	Y13	Y21	Y22	Y23	Y31	Y32	Y33	Y34	Y41	Y42	Y43
X1	0.808	0.623	0.549	0.714	0.67	0.642	0.676	0.676	0.654	0.596	0.788	0.801	0.722
X2	0.808	0.641	0.556	0.714	0.669	0.647	0.694	0.694	0.656	0.599	0.785	0.799	0.724
X3	0.683	0.654	0.604	0.683	0.653	0.669	0.67	0.67	0.663	0.619	0.731	0.757	0.717
X4	0.629	0.472	0.493	0.747	0.719	0.587	0.551	0.551	0.652	0.557	0.847	0.808	0.649
X5	0.479	0.496	0.767	0.717	0.659	0.825	0.487	0.487	0.695	0.664	0.613	0.629	0.703
X6	0.583	0.620	0.71	0.772	0.664	0.778	0.583	0.583	0.686	0.639	0.673	0.687	0.708
X7	0.670	0.717	0.643	0.76	0.667	0.724	0.655	0.655	0.67	0.619	0.727	0.762	0.747
X8	0.652	0.603	0.629	0.726	0.643	0.74	0.629	0.629	0.648	0.606	0.692	0.732	0.773
对经济发展的影响	5.312	4.826	4.951	5.833	5.344	5.612	4.945	4.945	5.324	4.899	5.856	5.975	5.743
比较优势度排序	8	13	9	3	6	5	10	11	7	12	2	1	4

附表 10　锡林郭勒盟经济发展各要素对综合交通运输业发展的关联度矩阵

交通指标	经济指标							
	X1	X2	X3	X4	X5	X6	X7	X8
Y11	0.954	0.953	0.898	0.896	0.796	0.844	0.898	0.896
Y12	0.907	0.912	0.902	0.854	0.84	0.89	0.928	0.894
Y13	0.756	0.760	0.780	0.728	0.878	0.842	0.804	0.809
Y21	0.786	0.784	0.750	0.824	0.757	0.800	0.804	0.792
Y22	0.697	0.695	0.671	0.756	0.653	0.657	0.677	0.674
Y23	0.699	0.702	0.71	0.673	0.81	0.772	0.744	0.768
Y31	0.917	0.921	0.895	0.88	0.811	0.856	0.903	0.887
Y32	0.917	0.921	0.895	0.88	0.811	0.856	0.903	0.887
Y33	0.614	0.615	0.612	0.63	0.620	0.609	0.61	0.609
Y34	0.706	0.708	0.716	0.684	0.739	0.715	0.710	0.720
Y41	0.871	0.867	0.823	0.918	0.723	0.766	0.819	0.810
Y42	0.885	0.881	0.843	0.899	0.742	0.782	0.846	0.839
Y43	0.825	0.824	0.811	0.786	0.782	0.784	0.824	0.856
对综合交通运输业发展的影响	10.534	10.543	10.306	10.408	9.962	10.173	10.470	10.441
比较优势度排序	2	1	6	5	8	7	3	4

附表 11　乌兰察布市综合交通运输业发展各要素对经济发展的关联度矩阵

经济指标	交通指标												
	Y11	Y12	Y13	Y21	Y22	Y23	Y31	Y32	Y33	Y34	Y41	Y42	Y43
X1	0.690	0.701	0.596	0.649	0.662	0.634	0.741	0.711	0.707	0.648	0.728	0.646	0.717
X2	0.638	0.662	0.575	0.650	0.654	0.623	0.779	0.746	0.664	0.604	0.752	0.658	0.72
X3	0.688	0.667	0.649	0.611	0.632	0.681	0.649	0.637	0.664	0.591	0.667	0.569	0.716
X4	0.564	0.549	0.499	0.705	0.562	0.578	0.853	0.882	0.581	0.521	0.722	0.828	0.725
X5	0.816	0.834	0.664	0.636	0.683	0.716	0.603	0.640	0.793	0.787	0.733	0.561	0.686
X6	0.759	0.847	0.699	0.638	0.712	0.736	0.56	0.590	0.825	0.825	0.724	0.528	0.668
X7	0.680	0.703	0.594	0.687	0.671	0.652	0.697	0.727	0.669	0.615	0.79	0.664	0.679
X8	0.785	0.667	0.653	0.620	0.574	0.703	0.625	0.63	0.696	0.63	0.672	0.582	0.678
对经济发展的影响	5.620	5.630	4.929	5.196	5.150	5.323	5.507	5.563	5.599	5.221	5.788	5.036	5.589
比较优势度排序	3	2	13	10	11	8	7	6	4	9	1	12	5

附表 12　乌兰察布市经济发展各要素对综合交通运输业发展的关联度矩阵

交通指标	经济指标							
	X1	X2	X3	X4	X5	X6	X7	X8
Y11	0.843	0.813	0.860	0.725	0.918	0.895	0.830	0.909
Y12	0.866	0.838	0.864	0.738	0.932	0.941	0.851	0.856
Y13	0.755	0.733	0.815	0.642	0.814	0.841	0.740	0.812
Y21	0.622	0.617	0.610	0.647	0.620	0.625	0.651	0.612
Y22	0.788	0.773	0.791	0.684	0.819	0.842	0.782	0.747
Y23	0.647	0.631	0.714	0.558	0.728	0.748	0.648	0.723
Y31	0.870	0.889	0.820	0.924	0.801	0.774	0.842	0.810
Y32	0.847	0.864	0.806	0.935	0.808	0.779	0.849	0.802
Y33	0.857	0.829	0.856	0.742	0.912	0.925	0.827	0.869
Y34	0.843	0.813	0.833	0.731	0.920	0.939	0.814	0.844
Y41	0.815	0.829	0.784	0.793	0.830	0.822	0.851	0.791
Y42	0.785	0.793	0.747	0.891	0.736	0.713	0.788	0.748
Y43	0.702	0.700	0.722	0.678	0.680	0.666	0.650	0.680
对综合交通运输业发展的影响	10.240	10.122	10.222	9.688	10.518	10.510	10.123	10.203
比较优势度排序	3	7	3	8	1	2	6	5

附表 13　巴彦淖尔市综合交通运输业发展各要素对经济发展的关联度矩阵

经济指标	交通指标												
	Y11	Y12	Y13	Y21	Y22	Y23	Y31	Y32	Y33	Y34	Y41	Y42	Y43
X1	0.802	0.852	0.743	0.687	0.661	0.695	0.771	0.736	0.692	0.676	0.660	0.654	0.681
X2	0.790	0.840	0.757	0.689	0.651	0.695	0.795	0.754	0.695	0.674	0.660	0.652	0.681
X3	0.695	0.716	0.732	0.700	0.619	0.681	0.700	0.638	0.662	0.665	0.647	0.630	0.672
X4	0.489	0.539	0.511	0.846	0.494	0.619	0.507	0.483	0.586	0.541	0.830	0.754	0.741
X5	0.662	0.652	0.644	0.567	0.910	0.782	0.593	0.536	0.791	0.806	0.578	0.574	0.642
X6	0.783	0.732	0.709	0.594	0.863	0.766	0.632	0.638	0.736	0.766	0.588	0.584	0.656
X7	0.792	0.854	0.766	0.667	0.678	0.709	0.728	0.829	0.637	0.629	0.669	0.688	0.704
X8	0.705	0.716	0.734	0.618	0.792	0.734	0.740	0.621	0.776	0.814	0.586	0.581	0.649
对经济发展的影响	5.718	5.901	5.596	5.368	5.668	5.681	5.466	5.235	5.575	5.571	5.218	5.117	5.426
比较优势度排序	2	1	5	10	4	3	8	11	6	7	12	13	9

附表 14　巴彦淖尔市经济发展各要素对综合交通运输业发展的关联度矩阵

交通指标	经济指标							
	X1	X2	X3	X4	X5	X6	X7	X8
Y11	0.946	0.938	0.906	0.792	0.897	0.936	0.938	0.915
Y12	0.961	0.951	0.909	0.809	0.883	0.913	0.950	0.904
Y13	0.891	0.892	0.880	0.756	0.859	0.881	0.893	0.892
Y21	0.775	0.773	0.787	0.891	0.700	0.712	0.754	0.732
Y22	0.853	0.843	0.834	0.731	0.970	0.947	0.845	0.917
Y23	0.691	0.687	0.682	0.614	0.792	0.769	0.696	0.740
Y31	0.939	0.942	0.917	0.815	0.871	0.886	0.914	0.923
Y32	0.937	0.938	0.899	0.826	0.858	0.891	0.956	0.892
Y33	0.811	0.807	0.798	0.718	0.892	0.854	0.768	0.870
Y34	0.833	0.827	0.830	0.726	0.918	0.892	0.798	0.910
Y41	0.793	0.789	0.786	0.892	0.743	0.747	0.792	0.750
Y42	0.830	0.826	0.816	0.890	0.779	0.785	0.841	0.786
Y43	0.640	0.637	0.636	0.698	0.622	0.625	0.654	0.622
对综合交通运输业发展的影响	10.900	10.850	10.680	10.158	10.784	10.838	10.799	10.853
比较优势度排序	1	3	7	8	6	4	5	2

附表 15　阿拉善盟综合交通运输业发展各要素对经济发展的关联度矩阵

经济指标	交通指标												
	Y11	Y12	Y13	Y21	Y22	Y23	Y31	Y32	Y33	Y34	Y41	Y42	Y43
X1	0.538	0.608	0.599	0.811	0.661	0.563	0.635	0.568	0.620	0.506	0.560	0.794	0.623
X2	0.567	0.620	0.629	0.800	0.669	0.574	0.664	0.583	0.627	0.520	0.578	0.806	0.631
X3	0.616	0.555	0.674	0.729	0.673	0.521	0.621	0.597	0.606	0.481	0.562	0.737	0.573
X4	0.576	0.600	0.644	0.804	0.670	0.559	0.684	0.598	0.642	0.495	0.594	0.872	0.646
X5	0.536	0.611	0.567	0.623	0.674	0.781	0.538	0.671	0.744	0.736	0.638	0.503	0.598
X6	0.632	0.788	0.690	0.666	0.701	0.748	0.623	0.670	0.731	0.786	0.691	0.555	0.718
X7	0.683	0.699	0.658	0.637	0.698	0.732	0.562	0.743	0.699	0.784	0.673	0.535	0.675
X8	0.773	0.679	0.804	0.695	0.793	0.644	0.636	0.719	0.647	0.647	0.712	0.609	0.623
对经济发展的影响	4.921	5.160	5.265	5.765	5.539	5.122	4.963	5.149	5.316	4.955	5.008	5.411	5.087
比较优势度排序	13	6	5	1	2	8	11	7	4	12	10	3	9

附表 16　阿拉善盟经济发展各要素对综合交通运输业发展的关联度矩阵

交通指标	经济指标							
	X1	X2	X3	X4	X5	X6	X7	X8
Y11	0.654	0.663	0.712	0.682	0.714	0.744	0.792	0.853
Y12	0.717	0.718	0.674	0.712	0.775	0.874	0.824	0.798
Y13	0.689	0.698	0.737	0.721	0.718	0.769	0.763	0.847
Y21	0.772	0.746	0.672	0.757	0.621	0.624	0.612	0.653
Y22	0.738	0.733	0.741	0.743	0.786	0.789	0.797	0.866
Y23	0.557	0.554	0.506	0.550	0.818	0.755	0.756	0.653
Y31	0.770	0.781	0.752	0.801	0.727	0.774	0.744	0.781
Y32	0.571	0.572	0.595	0.599	0.732	0.688	0.774	0.735
Y33	0.609	0.603	0.590	0.628	0.778	0.733	0.719	0.649
Y34	0.571	0.572	0.542	0.561	0.826	0.832	0.844	0.716
Y41	0.614	0.617	0.608	0.641	0.736	0.747	0.746	0.762
Y42	0.835	0.832	0.782	0.890	0.634	0.644	0.642	0.685
Y43	0.604	0.598	0.546	0.624	0.642	0.712	0.688	0.619
对综合交通运输业发展的影响	8.701	8.687	8.457	8.909	9.507	9.685	9.701	9.617
比较优势度排序	6	7	8	5	4	2	1	3

参考文献

[1] 陆大道. 区域发展及其空间结构[M]. 北京：科学出版社，1995：117-124.

[2] 张志，周浩. 交通基础设施的溢出效应及其产业差异：基于空间计量的比较分析[J]. 财经研究，2012，38（3）：11.

[3] 周才杰，汪玉洁，李凯铨，等. 基于灰色关联度分析：长短期记忆神经网络的锂离子电池健康状态估计[J]. 电工技术学报，2022，37（23）：6065-6073.

[4] 常骁毅，乔露，李悦彬，等. 基于层次分析法的逼近理想解排序法：灰色关联度法对新建医院大型医用设备购置的决策分析[J]. 中国医学装备，2023，20（5）：134-140.

[5] 李效顺，曲福田，郭忠兴，等. 城乡建设用地变化的脱钩研究[J]. 中国人口·资源与环境，2008（5）：179-184.

[6] 邓志杰. 区域综合交通运输发展水平与经济发展的协调性研究[D]. 深圳：深圳大学，2019.

[7] 蔡兴飞，林爱文，孙铖. 武汉市交通可达性综合评价及城际铁路通勤化发展探讨[J]. 现代城市研究，2019（4）：9-15.

[8] MOSELEY M J . Accessibility: The Rural Challenge[J]. Jimburn Chiri/Human Geography, Kyoto, 1979, 31（3）, pp.286-287.

[9] 吴威，曹有挥，梁双波. 20世纪80年代以来长三角地区综合交通可达性的时空演化[J]. 地理科学进展，2010，29（5）：619-626.

[10] 任晋锋，吕斌. 土地使用对交通出行的影响[J]. 城市规划学刊，2011（5）：10.

[11] HÄGERSTRAND T. Reflections on "what about People in Regional Science?"[J]. Papers in Regional Science, 1989, 66（1）: 1-6.

[12] LENNTORP B. Paths in Space-time Environments: A Time-geographic Study of Movement Possibilities of Individuals[J]. Lund Studies in Geography, 1976, 44: 150.

[13] WILSON A G. A Family of Spatial Interaction Models, and Associated Developments[J]. Environment and Planning A: Economy and Space, 1971, 3（1）: 1-32.

[14] FOTHERINGHAM A S. A New Set of Spatial-Interaction Models: The Theory of Competing Destinations[J]. Environment and Planning A: Economy and Space, 1983, 15（1）: 15-36.

[15] 陈博文，陆玉麒，吴常艳. 交通可达性与经济活动的空间分布关系：以江苏省为

例[J].经济地理，2016，36（1）：61-68.

[16] KOENIG J G. Indicators of Urban Accessibility：Theory and Application[J]. Transportation，1980（9）：145-172.

[17] 金凤君，王成金，李秀伟.中国区域交通优势的甄别方法及应用分析[J].地理学报，2008，63（8）：12.

[18] 亚当·斯密.国富论：国民财富的性质和起因的研究[M].谢祖钧，孟晋，盛之，译.长沙：中南大学出版社，2003：19-24.

[19] ALDAGHEIRI M. The Role of the Transport Road Network in the Economic Development of Saudi Arabia[C]// Urban transport XV：Urban transport and the environment. WIT Press，2009：275-285.

[20] QIAN H，NOBORU H. Transport Infrastructure and Economic Development：An Empirical Study for China[C]// Traffic and Transportation Studies 2010. ASCE，2010：166-173.

[21] LEE M K，YOO S H. The Role of Transportation Sectors in the Korean National Economy：An Input-output Analysis[J]. Transportation Research Part A Policy&Practice，2016，93：13-22.

[22] UTSUNOMIYA K. Social Capital and Local Public Transportation in Japan[J]. Research in Transportation Economics，2016（2）：74-81.

[23] 熊永钧.现代交通运输与经济发展关系的探讨[J].北京交通大学学报，1993（3）.

[24] 戴宾.西部城市经济发展与城际交通运输[J].铁道工程学报，2000（4）：12-15.

[25] 伍春阳.湖南交通运输与经济协调发展研究[J].统计与管理，2014（8）：80-82.

[26] 李晓刚.交通运输与经济发展的耦合关系研究[J].黑龙江交通科技，2014（1）：138-139.

[27] 谭玉顺.综合交通运输与经济协调发展的若干问题研究[D].南京：东南大学，2015.

[28] 张润.基于省域视角的我国交通运输与区域经济发展关系研究[D].北京：北京交通大学，2018.

[29] 陈明粉，何鹏，黄佳佳.交通运输与经济发展的典型相关分析：以贵州省为例[J].海峡科技与产业，2021，34（12）：75-77.

[30] 张宇杰，任龙，云利华.交通强国背景下内蒙古交通运输科技创新驱动发展研究[J].内蒙古公路与运输，2021（6）：36-38.

[31] 顾秋丽，李亚飞. 中国区域综合交通可达性研究关注点与方法评述[J]. 云南地理环境研究，2016，28（4）：22-30.

[32] 靳诚，陆玉麒，范黎丽. 基于公路网络的长江三角洲旅游景点可达性格局研究[J]. 自然资源学报，2010，25（2）：258-269.

[33] 潘裕娟，曹小曙. 乡村地区公路网通达性水平研究：以广东省连州市12乡镇为例[J]. 人文地理，2010，25（1）：94-99.

[34] FANG C Y, MIAO L L, XU J, et al. The Analysis of Highway Network Accessibility for the Scenic Jing Gang Shan[C]. 2014 22nd International Conference on Geoinformatics，2014：1-4.

[35] 嵇昊威，赵媛. 中国煤炭铁路运输网络可达性空间格局研究[J]. 地域研究与开发，2014，33（1）：6-11.

[36] WANG J, DENG Y, SONG C, et al. Measuring Time Accessibility and Its Spatial Characteristics in the Urban Areas of Beijing[J]. Journal of Geographical Science，2016，26（11）：1754-1768.

[37] 张起源. 基于耦合协调度的内蒙古铁路发展分析[J]. 砖瓦世界，2021（15）：328-329.

[38] 徐凤，卢荣花，李清雨. 长三角一体化背景下江苏省城市交通可达性及均衡水平分析[J]. 物流科技，2021，44（12）：98-101.

[39] 魏中许，杨成磊. 四川省市域公路交通可达性研究[J]. 新型工业化，2022，12（4）：83-86.

[40] 王栋栋，王同文. 乡村振兴背景下县域交通网络可达性研究：以成安县为例[J]. 绿色科技，2022，24（11）：195-197.

[41] 司亚旺，林立峰. 复杂铁路网条件下城市可达性研究[J]. 科学技术创新，2022（15）：173-176.

[42] IMECKI A, STEINER S, OKORILO O. The Accessibility Assessment of Regional Transport Network in the South East Europe [J]. International Journal for Traffic & Transport Engineering，2013，3（4）：351-364.

[43] 浩飞龙，张浩然，王士君. 基于多交通模式的长春市公园绿地空间可达性研究[J]. 地理科学，2021，41（4）：695-704.

[44] 冯柏盛，殷玮川. 基于层次分析法的城市交通网络可达性评价方法研究[J]. 现代城市轨道交通，2022（4）：66-71.

[45] 罗鹏，唐晓宇. 基于综合网络的轨道交通可达性分析方法：以东莞市为例 [J]. 现代交通技术，2022，19（4）：78-83.

[46] 周立军，司伟业，殷青. 基于综合交通2SFCA法的哈尔滨主城区景区可达性研究 [J]. 低温建筑技术，2022，44（6）：12-16.

[47] 王先鹏，咸红年，曹荣林. 基于GIS的县域交通网络可达性探讨 [J]. 地理空间信息，2009，7（5）：109-113.

[48] 陆化普，王继峰，张永波. 城市交通规划中交通可达性模型及其应用 [J]. 清华大学学报（自然科学版），2009，49（6）：781-785.

[49] 孙超，王波，张云龙，等. 基于一种交通状态系数的城市路网交通状态评价研究 [J]. 公路交通科技，2011，28（5）：113-120.

[50] 黄晓燕，张爽，曹小曙. 广州市地铁可达性时空演化及其对公交可达性的影响 [J]. 地理科学进展，2014，33（8）：1078-1089.

[51] 潘彦江，方朝阳，缪理玲，等. 基于交通状态分析的南昌市区区际联系通达性研究 [J]. 地理研究，2014，33（12）：2325-2334.

[52] 张雪梅. 城市公共交通可达性评价研究 [J]. 道路交通与安全，2015，15（1）：20-24.

[53] 马书红，葛永，孙言涵，等. 基于效用模型的城市区域交通可达性研究 [J]. 重庆交通大学学报（自然科学版），2018，37（5）：71-76.

[54] 杨利峰，高晓宁. 河南省4A级及以上景区公路交通可达性研究 [J]. 地域研究与开发，2023，42（3）：129-134，141.

[55] 刘传明，曾菊新. 县域综合交通可达性测度及其与经济发展水平的关系：对湖北省79个县域的定量分析 [J]. 地理研究，2011，30（12）：2209-2221.

[56] 孟德友，沈惊宏，陆玉麒. 中原经济区县域交通优势度与区域经济空间耦合 [J]. 经济地理，2012，32（6）：7-14.

[57] 刘海旭，张加磊. 京津冀县域综合交通可达性与区域经济空间耦合 [J]. 河北地质大学学报，2019，42（1）：114-121.

[58] 姚一民. 粤港澳城市交通可达性和经济发展水平的耦合协调度分析及政策启示 [J]. 广东行政学院学报，2019，31（1）：81-90.

[59] 周晓雅，杨德宏. 云南省高速公路可达性与经济发展的耦合分析 [J]. 中国水运（下半月），2020，20（12）：20-22.

[60] 周倩，吴柏燕，李朝奎，等. 长株潭城市群路网可达性与经济发展水平空间耦合协调度分析 [J]. 地理信息世界，2020，27（3）：70-76.

[61] 崔晶，李雪涛，初楠臣. 欠发达地区高铁可达性与经济社会的协调性研究[J]. 经济地理，2020（3）：43-51.

[62] 吴宜耿，孙宏，张培文. 交通可达性与经济发展水平的耦合协调度分析：以四川省为例[J]. 交通运输研究，2021，7（5）：19-26.

[63] 陈小红，陈慧. 北部湾经济区综合交通优势度与区域经济耦合协调[J]. 绿色科技，2021，23（24）：234-237，245.

[64] ZOU M，LI C，XIONG Y. Analysis of Coupling Coordination Relationship between the Accessibility and Economic Linkage of a High-Speed Railway Network Case Study in Hunan，China[J]. Sustainability，2022，14（13）：7550.

[65] 胡明伟，吴雯琳，赵千，等. 城际轨道交通可达性与城市经济发展的关系分析[J]. 深圳大学学报（理工版），2022，39（3）：287-295.

[66] 叶翀，夏新红. 高速铁路对福建省区域经济发展的影响：基于可达性的视角[J]. 物流技术，2017，36（9）：1-5，11.

[67] 李杰梅，吴浩，刘陈，等. 边境城市跨境可达性对口岸经济的影响机理[J]. 交通运输系统工程与信息，2019，19（2）：30-36，59.

[68] 王振华，李萌萌，江金启. 交通可达性对城市经济高质量发展的异质性影响[J]. 经济与管理研究，2020，41（2）：98-111.

[69] 朱宇婷，刘莹，许奇，等. 交通可达性与城市经济活动的空间特征分析：以北京市为例[J]. 交通运输系统工程与信息，2020，20（5）：226-233.

[70] 王新越，刘晓艳. 黄河流域旅游城市交通可达性与旅游经济联系动态演变研究：以青岛为例[J]. 中国海洋大学学报（社会科学版），2021（6）：61-71.

[71] 马丽黎，朱亚军，熊一帆. 兰新高速铁路沿线区域可达性及经济发展影响研究[J]. 铁道运输与经济，2021，43（5）：44-50.

[72] 黄承锋，田少斌，曾银. 交通可达性与旅游经济联系协调发展时空演变：基于成渝地区双城经济圈截面数据[J]. 国土资源科技管理，2022，39（4）：63-73.

[73] 韩彪. 马克思运输经济理论的今日启示：关于交通运输业的发展规律[J]. 大连海运学院学报，1993，19（1）：91-95.

[74] 朱解放. 马克思交通运输理论及其指导意义[J]. 中国物流与采购，2011（6）：2.

[75] 孙光远. 关于优化综合运输体系的几点思考[J]. 综合运输，1998（4）：7-10.

[76] 刘秉镰，赵金涛. 中国交通运输与区域经济发展因果关系的实证研究[J]. 中国软科学，2005（6）：6.

[77] BANISTER D，BERECHMAN Y. Transport investment and the promotion of economic growth[J]. Journal of Transport Geography，2001，9（3）：209-218.

[78] 石京，黄谦，吴照章. 我国交通运输与经济发展的交互关系研究[J]. 武汉理工大学学报（交通科学与工程版），2010，34（6）：4.

[79] 谭晓伟，高阳，马壮林. 基于改进DEMATEL-ISM的国家中心城市绿色交通水平影响因素研究[J]. 公路交通科技，2023，40（4）：248-255.

[80] 卢新海，任文琴，杨浩，等. 城市交通紧凑式发展对土地绿色利用效率的影响：基于空间计量的实证分析[J]. 中国人口·资源与环境，2023，33（3）：113-124.

[81] 高阳，马壮林，刘杰. "双碳"目标下国家中心城市绿色交通水平评价方法[J]. 交通运输研究，2022，8（3）：30-41.

[82] 陈旭，陆丽丽，黄亚梅，等. 宁波现代综合交通运输指标体系构建与评价[J]. 现代交通与冶金材料，2021，1（4）：53-61.

[83] 黄勇奇，杨湘伟. 基于灰色关联度的荆门市公路交通发展水平评价[J]. 黄冈师范学院学报，2017，37（6）：57-64.

[84] 刘建明，颜学明. 广东科技创新能力监测指标体系设计与实证研究[J]. 科技管理研究，2021，41（24）：60-66.

[85] 马奇飞，贾鹏，匡海波. 中国综合交通运输绿色效率的空间特征研究[J]. 交通运输系统工程与信息，2022，22（6）：300-308.

[86] 张超，董建敏. 内蒙古区域基本公共服务质量评价研究[J]. 现代商贸工业，2023，44（2）：8-11.

[87] 刘笑杰，夏四友，李丁，等. 湖南省基本公共服务质量的时空分异与影响因素[J]. 长江流域资源与环境，2020，29（7）：1535-1544.

[88] 许贵芝. 县域经济发展综合评价：以贵州省黔南州为例[J]. 经济研究导刊，2022（6）：46-48.

[89] 安俞静，刘静玉，李宁，等. 中原城市群铁路网络可达性及经济联系格局[J]. 长江流域资源与环境，2018，27（9）：1947-1957.

[90] 丁洪峰，峻峰. 基于主成分分析的内蒙古自治区地区经济综合评价[J]. 内蒙古科技与经济，2016（1）：38-39，41.

[91] 陈璐，李成标. 河南省区域经济发展水平评价分析[J]. 地域研究与开发，2015（4）：18-22.

[92] 杜挺，谢贤健，梁海艳，黄安，韩全芳. 基于熵权TOPSIS和GIS的重庆市县域

经济综合评价及空间分析[J].经济地理，2014，34（6）：40-47.

[93] 程钰，刘雷，任建兰，等.济南都市圈交通可达性与经济发展水平测度及空间格局研究[J].经济地理，2013，33（3）：59-64.

[94] 张纯记.中国省级区域经济发展水平的动态综合评价[J].工业技术经济，2010，29（7）：80-83.

[95] 张吉献，杨铭.基于因子分析的中原经济区城市经济发展水平评价[J].安徽农业科学，2009，37（11）：5132-5133，5152.

[96] 张雪花，张宏伟.基于综合经济水平评价的天津市区域宏观结构发展趋势分析[J].上海经济研究，2008（10）：55-60.

[97] 桑秋，张平宇，高晓娜，等.辽中城市群县域综合发展水平差异的时空特征分析[J].地理科学，2008，28（2）：150-155.

[98] 常骁毅，李悦彬，王腾，等.基于灰色关联度分析法和层次分析法对CT设备维修保养服务评价的研究[J].中国医学装备，2022，19（6）：134-139.

[99] 易平涛，李伟伟，李玲玉.序比例诱导分段无量纲化方法及其影响因素[J].系统管理学报，2020，29（5）：866-873.

[100] 李新聪，王骏，汤婵娟.基于灰色和马尔科夫系统理论的需求侧响应能力预测[J].电力需求侧管理，2020，22（4）：71-76.

[101] 宋德勇，宋沁颖，张麒.中国交通碳排放驱动因素分析：基于脱钩理论与GFI分解法[J].科技管理研究，2022，42（11）：216-228.

[102] 陈玺阳，瞿伟斌，刘晨辉.基于岭回归模型的国家经济发展与道路交通安全关联性研究[J].市政技术，2023，41（7）：1-6.

[103] 刘传明，张义贵，刘杰，等.城市综合交通可达性演变及其与经济发展协调度分析：基于"八五"以来淮安市的实证研究[J].经济地理，2011，31（12）：2028-2033.

[104] 吴威，曹有挥，曹卫东，等.开放条件下长江三角洲区域的综合交通可达性空间格局[J].地理研究，2007（2）：391-402.

[105] 初楠臣，张平宇.基于可达性的中俄跨国班列沿线城市经济联系：以中俄K19/K20班列为例[J].经济地理，2018，38（6）：10-18.

[106] 初楠臣，吴相利，张平宇，等.东北地区高速铁路的地域空间效应研究[J].经济地理，2022，42（8）：22-29，50.

[107] 郭建科，王丹丹，王利，等.基于内外联系的双核型区域交通可达性研究：以

辽宁省为例 [J]. 经济地理，2015，35（11）：71-77，84.

[108] 蒙克，魏必. 反思QCA方法的"时间盲区"：为公共管理研究找回"时间"[J]. 中国行政管理，2023（1）：96-104.

[109] LEE S S. Fuzzy-set method in comparative social policy：a critical introduction and review of the applications of the fuzzy-set method[J]. Quality & Quantity：International Journal of Methodology，2013，47（4）：1905-1922.

[110] 池毛毛，杜运周，王伟军. 组态视角与定性比较分析方法：图书情报学实证研究的新道路[J]. 情报学报，2021，40（4）：424-434.

[111] 杜运周，贾良定. 组态视角与定性比较分析（QCA）：管理学研究的一条新道路[J]. 管理世界，2017（6）：155-167.

[112] 曹萍，赵瑞雪，尤宇，等. 创新策源能力如何影响区域创新绩效？：基于30个省份的QCA分析[J]. 科技管理研究，2022，42（13）：1-9.

[113] 苏屹，李忠婷. 区域创新系统主体合作强度对创新绩效的影响研究[J]. 管理工程学报，2021，35（3）：64-76.

[114] 张放. 影响地方政府信息公开的因素：基于省域面板数据的动态QCA分析[J]. 情报杂志，2023，42（1）：133-141，207.

[115] SCHNEIDER C Q，WAGEMANN C. Set-theoretic Methods for the Social Sciences：A Guide to Qualitative Comparative Analysis[M]. Cambridge：Cambridge University Press，2012.

[116] 陈艺，张鑫，闫桂焕. 金融支持与产业链的耦合协调研究[J]. 福建金融，2023（7）：19-29.

[117] 里豪克斯，拉金. QCA设计原理与应用：超越定性与定量研究的新方法[M]. 杜运周，李永发，译. 北京：机械工业出版社，2017：78-90.

[118] 孟德友，陆玉麒. 基于铁路客运网络的省际可达性及经济联系格局[J]. 地理研究，2012，31（1）：16.

[119] 马丽，金凤君，刘毅. 中国经济与环境污染耦合度格局及工业结构解析[J]. 地理学报，2012，67（10）：1299-1307.

[120] 文嫱，韩旭. 高铁对中国城市可达性和区域经济空间格局的影响[J]. 人文地理，2017，32（1）：99-108.

[121] 王守坤. 空间计量模型中权重矩阵的类型与选择[J]. 经济数学，2013，30（3）：57-63.

[122] 黄晓燕，曹小曙，李涛．海南省区域交通优势度与经济发展关系[J]．地理研究，2011，30（6）：985-999.

[123] PAEZ A. Network Accessibility and the Spatial Distribution of Economic Activity in Eastern Asia[J]. Urban Studies，2004，41（11）：2211-2230.

[124] RIBEIRO A，ANTUNES A P，PAEZ A. Road Accessibility and Cohesion in Lagging Regions：Empirical Evidence from Portugal Based on Spatial Econometric Models[J]. Journal of Transport Geography，2010，18（1）：125-132.

[125] 林鹏．可达性研究方法综述[J]．西部资源，2022（1）：194-200，202.

[126] 王姣娥，莫辉辉，金凤君．中国航空网络空间结构的复杂性[J]．地理学报，2009，64（8）：12.